U0605336

幼狮丛书
生而为赢

Real Leaders for the Real World

Essential Traits of Successful and Authentic Leaders

真正领导者

团队领导的自我修养

[英]约翰·麦克拉克伦 卡伦·米格 著 沈旖婷 译
John McLachlan, Karen Meager

中国出版集团 東方出版中心

图书在版编目(CIP)数据

真正领导者：团队领导的自我修养 /（英）约翰·麦克拉克伦,（英）卡伦·米格著；沈旖婷译. —上海：东方出版中心,2018.9

（幼狮丛书）

ISBN 978-7-5473-1343-5

Ⅰ.①真… Ⅱ.①约… ②卡… ③沈… Ⅲ.①企业管理–组织管理学 ②企业领导学 Ⅳ.①F272.9

中国版本图书馆CIP数据核字（2018）第180503号

上海市版权局著作权合同登记：图字09–2018–789

Original title: Real Leaders for the Real World: Essential Traits of Successful and Authentic Leaders

First published in 2014 by Panoma Press

真正领导者：团队领导的自我修养

出版发行：东方出版中心

地　　址：上海市仙霞路345号

电　　话：（021）62417400

邮政编码：200336

经　　销：全国新华书店

印　　刷：杭州日报报业集团盛元印务有限公司

开　　本：890mm × 1240mm　1/32

字　　数：128千字

印　　张：6

版　　次：2018年9月第1版第1次印刷

ISBN 978-7-5473-1343-5

定　　价：39.80元

致谢 | Acknowledgments

感谢以往我们的同事、学术教员、朋友、学生和客户对我们的影响和支持。

你们是我们永远的老师。

卡伦和约翰

推荐语

我宁愿在尝试之后失败，也不愿自己从未尝试。

——马丁·吉尔伯特

安本资产管理公司首席执行官

非常实用的一本书。这本书将基础科学、心理学知识和实际经验结合起来，是领导者不可缺少的实用指南。

——怀亚特·伍德斯莫尔博士

高级行为建模公司总裁

我们通常认为领导力的概念只与组织领导层相关。实际上，领导力是我们每个人都应该掌握的技能。阅读这本书是有益的。它以一种读者能够理解的方式阐释了这一相当复杂的主题。

——科林·肯尼迪

汤森路透高级主管

序 | Preface

世界需要更多的领导者，而不是更多的机器人。

现在，我们身处一个更加多样化和复杂的世界。随着信息传播的速度越来越快，人们获取的信息也越来越广泛，按吩咐行事的时代已经一去不复返了。每一个事实会遭到反驳，每一条正确的道路也都会存在问题。“照我说的做”并不是经营家庭、公司，甚至国家的唯一方式。

问题是，我们的社会在培养下一代领导者的方面做得并不是很好，因为我们大多数人自己身上也不具备领导者所需要的能力。我们缺乏可以效仿的优秀领导者的案例，这并不是因为我们的领导者们不够优秀，而是因为在许多关于领导力的书籍中，领导领域常常被视为神秘的竞技场，只有自信果敢、坚毅无畏、与众不同的人才能够在那里求得生存。

然而，我们从多年来与领导者共事的经验中发现，身居高位的领导者其实和常人面临着同样的问题。他们中的许多人饱受自我怀疑、沟通困难，以及待办事项的优先级发生冲突的困扰。这些都是很常见的问题，而且都是能够被解决的。本书的目的正是指导你如何解决这些问题，从而帮助你成为一个真正的领导者。

本书将为那些已经成为领导者的人，或者说那些希望成为真正的领导者的人，提供一种务实的、可操作的发展方法，来帮助他们更成功、更轻松自如地达成目标。我们也希望激励那些因为自我怀疑，或是因为把领导和领导力的定义解读为"仅适于少数的特殊人群"，而不把自己看作是天生的领导者的人。

每个人都有成为领导者的潜力，"完美领导者"并没有公式。在这本书中，我们将告诉你如何成为一个具有自我特色的领导者，从而帮助你充分利用自己的能力，过上自己理想的生活。

作为撰写这本书所需的一部分，我们已经完成了对于60多名来自各行各业的领导者的研究，他们大多是企业、公共部门、社区、慈善机构的领导者和一家之主。本书将展示这项研究的结果，即领导者获得成功的关键因素。我们也将告诉你如何作为一个领导者来实现自我发展，这其中并没有奇异魔性的公式，你也完全不需要成为另外一个人。事实上，你完全可以就做你自己，同时成为一个领导者。

并不是每一个人都有成为商业领袖的意愿或能力。不是每一个人都想成为下一个史蒂夫·乔布斯、理查德·布兰森或巴拉克·奥巴马。但是，大多数人都想过上幸福、充实的生活，而且不管他们感兴趣的领域和技能有多么不同，大多数人都希望能够把自己的工作做好。因此，无论你是经营着一家价值数百万英镑的企业，还是想以一种让每个家庭成员都实现成功的方式来领导你自己的家庭，本书将帮助你确定自我发展的领域，帮助你展现出自己最好的一面，让你成为人群中的指路明灯。

我们的研究表明，优秀的领导者的共性是他们在一些关键的事情上都做得很好，即使他们在做这些事情时有不同的处事方式和风格。这听起来似乎很简单，但实现这一点却是“说起来容易做起来难”。不过，你无须紧张，在我们的帮助下，当你掌握了这本书中的知识和实践技巧，这对你来说将会变得非常容易实现。

在本书中，我们将向你介绍成功领导者身上的每一种特征，解释这些特征为什么无法在人们身上自然而然地形成，以及为什么培养这些特征是一件具有挑战性的事情。然后，我们会帮助你进行自我定位，明确你想要成为什么样的人，再教给你一些易于遵循的步骤，以帮助你成为那样的人。

我们已经帮助了很多人，并将继续从事此项工作。我们有作为商业领导者的经历，所以我们知道领导者是什么样子，以及领导者面临的真正问题是什么。我们知道，理论是有趣的，但纯理论是很难应用于现实世界的。从我们多年前创办猴子拼图培训与咨询公司（Monkey Puzzle Training & Consultancy）时起，我们就开始注重丰富自己的心理学知识，并把它与我们的商业（和人力）经验结合起来，借此来帮助许多人成为真正的领导者。我们对培养自己的克隆人不感兴趣，因为我们自己也不是绝对完美的。我们希望的是能够不断地启发人们找到更优秀的、更具创意的、更令人兴奋的解决方案，而不是直接将解决方案提供给他们。作为从事复杂应用心理学和科学研究的专业人士，我们将这些理论应用于人们的现实生活，帮助他们解决自己的问题，从而实现他们的目标和梦想。在这本书中，我们综合了来自各领域的专业知识，并将其与实用的、可操作的步骤联系起来，这些步骤可以帮助你成为你想成为的领导者。

我们希望在这个世界上看到这样的领导者：他们虽然有着自己的个性和风格，但都能优异地完成自己的工作，能够让这个世界变得更加美好。

目录 | Contents

序 / 001

第一部分　真正的领导者的基础 / 001

第一章　在现实生活中，我们为什么需要真正的领导者 / 003

第二章　情绪调控 / 022

第二部分　真正的领导者，真实存在的问题 / 043

第三章　有关时间的老问题 / 045

第四章　有关他人的老问题 / 058

第三部分　现实世界中真正的领导者的五大行为特征 / 075

第五章　利用反馈取得成功 / 077

第六章　深思熟虑后承担适度的风险 / 094

第七章　具有预见性和灵活性 / 110
第八章　言行一致 / 125
第九章　与他人建立真正的关系 / 140

第四部分　在现实世界中成为真正的领导者 / 163

第十章　走进现实世界 / 165

关于作者 / 175

推荐读物 / 177

L
E
A
D
E
R

1

第一部分
真正的领导者的基础

第一章

在现实生活中，我们为什么需要真正的领导者

在这个世界上，最重要的三个工作是父母、教师和领导者。

——弗兰克·普切利克

现在，“领导者”这个词，不仅能在大多人中间引起强烈的反应，而且也是人们在任何宴会中或者下班后的酒吧聚会中津津乐道的话题。是什么造就了一个优秀的领导者，而又是什么“造就”了一个糟糕的领导者呢？这个世界是需要那些态度强硬的、有决断能力的并且奋发努力的领导者去快速地完成工作，还是需要那些可变通的、纳谏如流的并且能够三思而后行的领导者呢？

从每个人的答案中，不但能够看出他们在这个问题上的想法，而且能够看出他们是如何成长起来的，以及他们与领导力相关的一些经历。如果我们环顾四周，就会发现许多领导者的例子——有的做得很好，也有的做得不尽如人意。我们会依照我

们自己的观点对一位领导者的优劣做出判断。我们都需要运用自己的思维方式去对事物做出评价，并且将其与我们的所见所闻和生活常识进行联系。但是，这样会使得我们的观点变得主观；也就是说变成了我们自己的观点。当然，世人皆认为自身乃理智聪慧之人，所以我们会运用许多事实、数据和证据去清晰地阐明我们的观点是正确的。正因我们认定自身是正确的，并且能够加以证实，我们在这个社会中才能够保持头脑清晰，免受伤害。

像其他大多同类问题一样，优秀的领导者这一话题能够引来如此众多的讨论，其原因是我们依据自己的观点与想法来评判到底什么造就了一位优秀的领导者。

想想那些众人公认的优秀的领导者。为什么大家都认为他们是优秀的领导者呢？这是因为我们都根据自己的想法、利益、愿望甚至是局限性来关注一个人行为的不同方面。

让我们来想想近期世界范围内一些杰出的领导者。

对于特定时期的英国人来说，由于受他们的（更多时候是他们父母的）政治观点、所处时代以及父母赖以维持生计的工作所影响，玛格丽特·撒切尔会引起他们强烈的情感。当她去世之时，我们惊讶于他们对一位已经不掌权近30年的老妇人的去世所流露出的感情。在这样的时候，一个民族的两极化显现得非常明显：那些极力反对她所倡导的所有事的人所表达出的感情，与另外那些极力支持她的人所表现出的感情形成了鲜明的对比。

是这样的，玛格丽特·撒切尔是否是一个优秀的领导者，是由每个人不同的价值观、态度以及每个人对于那个时期国家治理结果的看法所决定的。我们读过许多关于她的书，但是几乎没有人能够在关于她的某个方面达成共识，因为她是否是一位优秀的领导者取决于每个人自己的想法和记忆，而非事实。随着时间的流逝，两派（她的支持派与反对派）仍然就她对于世界的影响有所争议。

现在，我们来看看大西洋的另一边，讨论一下世界上曾经最具有辨识度的领导者——巴拉克·奥巴马。根据每个人不同的价值观和想法，人们对于他的评价也是褒贬不一。有的人认为奥巴马是一位强硬、沉着、自信且有长远目标之人，其有能力综观大局，做出利益最大化的决定。但是对于另一部分的人来说，奥巴马是一个犹豫不决、懦弱、优柔寡断的领导者，他的想法时常发生变化，是一个华而不实的人。人们对他的评判仍然取决于每个人所关注的不同方面，对当时当事（长期以及短期）的态度，以及每个人自己的价值观。人们可

终结谬论——客观性

没有客观的认识，只有主观的程度。我们的内心形成某种认识的那一刻，我们都是主观的，这种主观性受到我们自己的感情、经历、信仰和价值观的影响。关于某个话题你拥有比其他人更多的数据，或者你的观点得到了更多人的支持，都不意味着你的认识是客观的，只是表明这种认识得到了更多人的接受。我们一生都在追寻他人对我们的意见的认同。

以从不同的方面对奥巴马的态度、决定和行动进行解读。这一点对于每一位领导者和我们所有的人来说都是一样的。

▷ 我们需要领导者

在民主制度下，我们得到了我们应得的政府。

——法国政治哲学家　亚历西斯·德·托克维尔

对于领导者的认知不仅仅是有意思的，也是非常重要的，因为我们的领导者们正在影响着我们这个世界的未来。他们管理着我们的家庭、我们的团体、我们的企业和我们的国家，我们需要他们。

在这个世界上，最重要的三个工作是父母、教师和领导者。这三种角色将培养、发展和教育我们的下一代。我们的下一代所接触到的领导者会影响他们与周围人群、环境、社区乃至更广阔的世界的关系，还会影响他们在工作场所的行为、自尊和心理健康。而这些领导者正是我们每一个人以及我们所选举和支持的政治和商业领袖。

这其中有很多的利害关系。

问题在于，就目前而言，这种责任是由少数的被选择的领导者所承担的，这些领导者并不是因为他们的技能、素质或适合这项工作的条件而被选择的，而是由于运气、时机、成为领导者的渴望、教养或在生活中的地位而被选择的。这样是无法成就未来的。

现如今的许多领导者，无论是家庭、社区、政治还是商业中的领导者，很多人并不具备在现在和未来进行领导所需要的稳定的情绪、诚信正直和广阔的思维能力。我们只需要阅读报纸、收看电视或者受雇于一些组织，就可以看出有些领导者并不足以胜任这项工作。

我们必须明白，成为一位优秀的领导者是说起来容易做起来难的事情。这就是为什么有那么多关于领导力的书，然而，我们却很难从中找到大家都能认同的领导典范。

> 我们选择在这十年中登月并做其他事情，不是因为它们很容易，而正是因为它们困难重重。
>
> ——约翰·F.肯尼迪

的确，你可以通过照做你在自己所属公司的企业文化中所熟悉的、可接受的、有成功经验的事情，沿着当前容易晋升的道路进入职业生涯中的领导层。你可以沿用你所熟悉的、社会公认的规则来领导自己的家庭。上述这些事情你都可以去做。

然而，你知道有多少人遵循了上述这些道路却依然没有实现自己的抱负吗？你听过多少领导者的讲话，但是听过之后，你却说“我不相信他们所说的”呢？我们在工作中也看到许多有才华的人在约束和限制自己的潜力以符合那些刻板的领导者的模式，而不是做真正的自己。

这是多数人所遵循的道路，这是更容易的、更易于接受的道路，即使他们并没有从中获得满足和回报。做真正的自己反而是更难，却最终更能让你获得满足的道路，因为这样做需要勇气、决心和自知之明。

因此，一位优秀领导者的成功之路并不能代表这个世界上所有的通向成功的道路。虽然，从某种意义上来说，人格分析工具还是有用的，学习一些传授技能的领导力发展课程也是有益的。然而，成为一位优秀的领导者并不是一种公式化的、勾选正误的练习。让所有人都认同“某人”是一位优秀的领导者是不可能的，让所有人都认同所有优秀的领导者都应该表现一致，有同等的教育水平和同样的表达方式也是不可能的。我们所要表达的是，当谈到领导力、培养下一代和我们生活的世界的发展时，每个人都有自己的角色，即各种各样、或大或小的领导者，我们坚信优秀领导力的关键并不写在那些领导者必须掌握的技能清单里，你可能也是这样认为的。领导力其实是每个人的自我发展、情绪调节能力的提升、正直诚实的培养以及拓展思维能力的提高。拥有这些特质是基础，然后一切技能才能被充分有效地加以利用。这些特质在我们每一个人身上都有不同的表现，因此我们都可以扮演自己的角色，这既是挑战，也是机遇。

我们需要更多的领导者，还是更优秀的领导者？答案是两者都需要。

如果你想要成为一位领导者，或者虽然你不认为自己是一位领导者，但把我们的子孙后代的培养、发展和教育放在心上，那么这本书一定是适合你的。如果你已经是一位领导者了，并且有意识、渴望和激情去成为更优秀的领导者，形成自己的领导方式和风格，那么这本书也是为你量身定做的。

在我们以往的工作中，我们帮助已经处于领导岗位的人形成自己的领导方式和风格，并帮助暂时还不在领导岗位的人进行自我发展、建立自尊和形成自我风格，从而建立自己的领导品牌。这些领导者包括商界领袖、公益慈善家、一家之主，甚至是个人生活中的领导者。

领导者不再是被选中的少数人的选择，而是大多数人的选择。你也可以成为领导者，我们将在这本书里告诉你该怎么做。

因此，无论你是想要成为自己兴趣领域中最优秀的企业领导者，还是建立一个最具凝聚力、充满活力的创新团队，还是成为一个屡获殊荣的企业家和慈善家，这本书都能为你提供帮助。

▷ 什么是领导力？

纵观历史，领导者一直都是非常重要的、受人尊敬的形象。回想一下你最崇拜的优秀领导者的故事。是丘吉尔的“战斗在海滩”吗，[①] 是布迪卡女王为她的信念而起义，不惜付出最大的代价，[②] 还是马丁·路德·金和他的梦想？[③] 你认为谁符合你对于领导者的期待？他们对你的影响又是什么？

这些关于伟大领导者的故事是鼓舞人心的，他们拥有的品质是常人所缺乏的。这些故事暗示只有被选中的少数人才能成

---

① 1940年6月4日，丘吉尔在下院通报了敦刻尔克撤退成功，但是也提醒“战争不是靠撤退打赢的”。随后丘吉尔发表了《我们将战斗在海滩》的演说。——译者注

② 布迪卡之战，由不列颠原住民领袖布迪卡女王领导的一次规模宏大的反对罗马殖民统治的大起义。——译者注

③《我有一个梦想》(I have a dream)是马丁·路德·金于1963年8月28日在华盛顿林肯纪念堂发表的著名演讲，内容主要是关于种族平等。——译者注

为伟大的领导者，因为成为领导者所需的技能是罕见的，并且在你出生的时候就已经被命运决定。

想想《星球大战》电影中的卢克·天行者。因为他的父亲，毫无疑问他是那个被选中的人！

好的历史老师会从另一个角度告诉你，历史上几乎没有绝对的事实。历史故事是沿着时间线呈现的，因此它们很少会像完整的画面，给你一种全局的观感。例如丘吉尔是一位杰出的战时领袖，但在和平时期却做得不够好。亨利八世应该被看作是暴君还是时代领袖呢？最近参观沃里克城堡时，我们有幸观看了亨利八世"受审"的表演。演员们分别扮演了支持和反对国王的角色，历史书中包含了大量的传说和历史改写，把亨利八世描写成了一个风流成性的、以自我为中心的、被宠坏了的孩子。然而真实的历史是有着另外一面的。这样的另外一面总是存在着的。

历史上的领导者都身处"他们的时代"。在登陆海岸和进行征服的时代，人们所需要的领导者与我们现在所需要的领导者不同。现如今，类似登陆海岸和进行征服的事情可能仍在发生，但既不会以同样的方式发生，也不会形成同样的规模。因此，我们需要更多，同时也更多样化的领导者来带领我们向未来世界前进。世界的未来要求我们包容差异、开拓思路，并且摆脱过去那种两极分化的思维。

由于旅游和通讯业的发展，我们的世界正在变得越来越小；但考虑到我们所面临的机遇和挑战，我们的世界又不断变得更加广阔。仅仅是在50年前，我们还不太关心我们国家以外的世界，甚至是我们所居住的村镇以外的世界。但是现在，我们每个人所做的事情都会影响到这个星球的未来。

不是只有能力强、规模大、生产率高的强大政府或组织才能对世界产生巨大影响。科技正在以惊人的速度发展，随之而来的是，我们拥有了诸如互联网、智能手机、无线网络，以及社交媒体等越来越多的与人联系的方式。因此，每个人都能对世界产生影响，并且需要有更多的人去对世界产生影响。每个人也都能够成为他所在的领域的领导者。优兔网（YouTube）上的许多现象证明了这一点。

▷ 领导力的定义

有数以百计的关于领导力的书籍、课程在指导人们如何成为最优秀的领导者，如何进行领导力训练，等等。那么，什么是领导者呢？是否有一套优秀领导者的标准呢？这套标准看重的是技能还是个性，是先天性的还是后天发展的呢？

为了回答上述问题，我们首先查阅一下词典中对于领导者的定义：

> 牛津英语词典：领导或控制一个团体、组织或国家的人。(The person who leads or commands a group, organization, or country)
>
> Dictionary.com在线词典网站：进行领导的人或事物（A person or thing that leads）；进行引导或指导的首脑（A guiding or directing head）；进行指导的人（A person who guides）。

可以看出，上述定义似乎对于陈述显而易见的事实才有用。让我们再试试其他的方式，词典中领导者的同义词又有哪些呢？

> 词典中领导者的同义词：
>
> 老板（boss）、队长（captain）、主管（chief）、指挥官（commander）、管理人（conductor）、顾问（counsellor）、主任（director）、元老（doyen）、要人（eminence）、先驱者（forerunner）、上将（general）、管理者（governor）、指导者（guide）、首长（head）、杰出人士（luminary）、经理（manager）、领航员（pilot）、先锋（pioneer）、指导者（shepherd）、上级（superior）

我们从这些同义词中可以看出领导者有着许多不同的类型，你应该已经认识到了担任指挥官（commander）所需要的技能与担任顾问（counsellor）所需要的技能是完全不同的，正如成为先锋（pioneer）所需要的技能与成为经理（manager）所需要的技能不同，作为主任（director）所需要的技能与指导者（shepherd）所需要的技能不同一样。

要成为领导者，你需要拥有追随者，但并不需要模仿者、粉丝或追星族、仆人、随从和依赖者。要成为领导者，你需要拥有追随者，因为你可以激励他们，而他们也可以信任你。令人高兴的是，虽然那些恃强凌弱的领导者还没有完全地从家庭、社区、企业和国家中消失，但他们所面临的境遇将会越来越差。现在，人们比以前更容易流动，更加自力更生，也拥有更多的机会，更容易接受差异。所以他们越来越不愿意容忍糟糕的领导者。

▷ 公式化的领导者

有的领导者（你可能也是其中一员）把那些教导“领导者的言行举止”的书奉为指南。这些书中充斥着毫无意义的流行语，实际上只是在虚张声势，比如：“这是一个弱肉强食的世界。”“我们需要最大限度地扩充员工！”

这种公式化的领导者会在有疑问的时候要求获得更多的信息，喜欢使用长词，三个字母的缩写（TLAs，Three Letter Abbreviations）或扩展的三个字母的缩写（ETLAs，Extended Three Letter Abbreviations）。我们可能说得有点多了，但应该能够帮助你加深对于这种公式化的领导者的理解。澄清一点，我们并不是说我们自己没有学习过这样的“公式”。我们也一直处在领导地位，我们也需要遵循管理手册，虽然我们在内心中一直认为“这只是垃圾”。当我们回想一些我们自己说过和做过的事情时，也会不寒而栗。我们在想什么？更重要的是，我们到底在说什么？！

在我们针对领导者所进行的培训中，我们帮助他们丢掉这些废话，帮助他们找到真实的自我，从而成为现实世界中真正的领导者。

在这本书中，我们会要求你思考自己是什么风格的领导者，我们也会给你提供一些技能和方法来帮助你培养适合自己的风格。

▷ 什么是真实?

前文已经提到过，每个人都有自己不同的看法；由此可以引申出“每个人对于真实都有自己不同的看法”。

我们见过这样的人，你肯定也见过，他们告诉你，他们“非常诚实”或者“只说事实”。这些话可能是真的，不过他们在陈述的时候遗漏了一点，那就是“这种诚实是指对我自己非常诚实”或者“这种事实是如我所见的事实”。

我们每一个人都在构建属于自己的真实，所以在这本书中，当我们谈论真实的时候，我们指的是属于你自己的真实，你自己的现实。我们希望你能够做自己，而不是让自己的行为成为对自己的一种讽刺，或是像机器人一样模仿人们公认的领导者形象。

当你拥有真实的自我的时候，当你能够完全做自己的时候，生活会在你的脑海中形成更加清晰、更加明确的概念，你也会承受更少的压力。你不需要通过表演来刻意地塑造一种形象或者营造一种假象。当你是在做真实的自己的时候，人们是能够看出来的，然后他们就会相信你所说的话，不管他们同意与否。可信度是信任的基础，而拥有信任，你就能够进行领导。反之，如果没有信任，你就必须对别人进行控制和操纵，你必须要尽心机，既唱黑脸又唱红脸。这不仅会浪费你的精力，让自己承受压力，而且最终往往不会成功。

> 真诚：如果你能伪装它，你就成功了。
>
> ——丹尼尔·肖尔

事实上，你并不能够伪装真诚——因为人们即使并不知道事实到底是什么，他们也会或多或少地感受到你的伪装，并且会对此做出一定的反应。这就是有的人在参加会议和晚宴的时候站起来说了所有听起来似乎很正确的话，但你依旧不买他们的账的原因。这也是在有的人的公司里你感到不舒服，即使你无法指出问题所在的原因。不要让你自己也成为这样的人。

我们都知道生活有时候是很复杂的，一般来说，并不存在固定的步骤可以完美地解决方案、生活、生意以及人与人之间的关系。这并不是说我们对这样的步骤不感兴趣。我们对于列举这种步骤的文章和书籍都很感兴趣，比如说，跟着这种方法你就可以瘦下来，教你如何在下个星期二前成为百万富翁，等等。这些内容都很吸引人，因为我们都希望自己的理想能够在瞬间实现，也认为在生命的过程中充满了一系列的步骤来带领我们从出发地走向目的地。但实际上，生活并不像我们想象的这样简单，我们也无法靠一些步骤完美解决所有问题。

人类不是机器人，所以并不是完全理性的。你可能认为自己是逻辑缜密的，并为此感到自豪，但相信我们，事实上你并不是这样的。你是一个充满矛盾、恐惧、忧虑，但同时也充满了潜力，拥有惊人的力量和技能，并能够不断地学习和成长的人。我们都是这样的人，如果你不知道如何控制自己的情绪，只是因为你没有意识到这一点。

从生理上看，我们的情绪是一种内在情感，情绪能够帮助我们做出决定，并让我们自动且适当地做出一些反应。就像情绪的英文单词（emotion）中含有运动（motion和movement）一样，这正是我们能够成为优秀的人才的原因。（也是不像我们这样完美而有逻辑的人会让我们感到如此烦恼的原因！）

所以，虽然我们并不能在书中代替你解决所有的问题，但是我们能够向你提供一种自行解决问题的方法，这些有效的方法会对你产生深远的影响。

▷ 领导力研究

我们对来自各行各业的60多名领导者进行了研究，他们中的一部分自荐为“优秀的领导者”，另一部分则被其他人认为是“优秀的领导者”而进行推荐。我们有意地没有将“优秀的领导者”的概念进行定义，我们不想定义什么是“优秀的领导者”，因为我们认为这种定义并不重要。（而且我们要对谁去阐释这样的定义呢？）我们关注的是人们对于优秀的领导者的看法。在我们的领导力研究中，研究对象具备下述的分布特点：

- 男性占48%，女性占52%
- 36%家里有小孩
- 70%年龄在40岁至60岁之间
- 67%是商界领袖，15%是公共部门领导者，其余的是家庭、社区组织、慈善机构、体育和其他领域的领导者

这项研究的目的是找出优秀领导者的共性，了解领导力的哪些方面对于他们而言具有挑战性，以及对他们来说哪些方面是重要的。当我们开始研究他们的回答时，我们惊讶于这些答案中所展现出的共同的主题，尽管这些被研究者存在

着诸多差异。

在领导力研究中，我们试图对于不同的人关于领导力所展现出的真实的一面进行研究，并且找出他们所面临的问题，这些问题也是其真实性的一部分。

我们从研究中得到的最明显的信息是，优秀的领导者往往面临着一系列具有共性的问题和挑战，而他们也拥有或正在努力培养一系列领导者的关键特质。

我们将在这本书中展示这项研究的成果，即：

- 领导者在现实世界中面临的挑战，以及应该如何应对这些挑战。
- 优秀的领导者具有的共同特征，以及应该如何实现自我发展。
- 优秀领导者个人发展中的需求和愿望，以及应该如何满足这些需求和愿望。

在这本书中，我们将向你展示如何控制情绪，如何开拓思路，如何保持正直诚实，来尽可能地帮助你走向成功。

在第二章中，我们将会详细地探讨情绪调节，因为这是成为成功的领导者的一个关键方面，并且“说起来容易做起来难”。

▷ 第二部分：真正的领导者，真实存在的问题

在本书的第二部分中，我们将带领读者思考那些被研究者所强调的共同问题和挑战，以及那些潜在的无法解决的困境。

我们会看一看这些问题在多大程度上是无法解决的；例如，我们是否应该简单地接受这些问题呢？我们还将探寻一些可以帮助你面对甚至克服生活、工作中的这些问题和挑战的方法，并详加解释。

现实世界中真正的领导者发现生活中主要有两个领域极具挑战性。

第一个是工作、生活的平衡和时间分配问题。我们研究样本中的一些领导者认为他们的工作和生活在大部分情况下都很顺利地达到了一种平衡，然而，研究中的许多反馈则表明，对于大多数被研究者来说，这种平衡是在不断变化的。

在第三章中，我们将会探讨有关时间的老问题，这些问题在我们的研究中被证实是不可避免的。我们会帮助你理解信念对于个人能力的影响，从而帮助你充分利用自己的时间。我们也会带领你思考有效率的领导者如何对时间进行规划，并列举一些随时可以操作的实际步骤来帮助你掌控自己的时间。

在我们的研究中，领导者们发现的第二个极具挑战性的领域是处理好他们的言行、他们打交道的人以及他们的领导者角色之间的关系。生活中的大多数人也都面临着这样的挑战。

在第四章中，我们将深入到他人的阴暗世界及其对我们所产生的影响。我们大多数人都认为自己是通情达理、善解人意的。但总有些人用错误的行为触碰了我们的底线，有些人我们无法与之和平共处。在这一章中，我们将揭示这些正在发生的问题，探讨如何运用正确的方式处理这些问题，从而帮助你成为一个能够领导各种人的高效率的领导者。

▷ 第三部分：现实世界中真正领导者的五大行为特征

在第三部分，我们将探究我们的研究结果表明的，现实世界中真正领导者所具备的五大行为特征。

这五大行为特征是：

- 善于利用反馈取得成功
- 在深思熟虑之后承担适度的风险
- 具有预见性和灵活性
- 言行一致
- 与他人建立真正的关系

我们将通过阐释这五大行为特征的含义及必要性来帮助你深入了解它们，进而帮助你找出自己天然的喜好，并告诉你如何运用符合自己个性特点的方式去培养这些特征。

为了帮助你成长为一位优秀的领导者，我们会带领你探索在什么样的情况下你需要很好地运用情绪调节能力，以及如何实现自我发展以取得更好的结果，建立良好的关系，并在你选择的领导领域做到最好。

▷ 如何利用这本书

我们撰写本书的目的不仅仅是提供一些关于领导力的有趣的信息和知识，而且是希望你能够将所学到的东西直接地运用于实际。我们希望你能够成为自己的领导者，提升你现有的领导能力，继而对你自己的生活和被你领导着的人们的生活产生更大的积极影响。

因此，我们将全书划分成清晰可辨的章节，每一章都可以单独进行阅读，你可以逐步学习和练习书中涉及的每一个领域。

本书是按照顺序编排的，我们相信这是最简单也最有效的学习方法。我们的建议是，先对全书进行通读，然后再回过头去关注那些与你现在所面临的问题最为相关的，或者与你想要关注的特定的发展领域相关的章节。

通过浏览章节，你可以了解到这本书的结构。在每一章节中，我们会讨论为什么领导者要培养这一特质，培养这一特质时你需要思考哪些不同的方面，这一特质在这些方面又是如何显示的，以及如何确定你在该领域的能力范围。

然后，我们将帮助你在各个领域开发自己的潜能，指导你运用一些方法和手段来达到该目的。这些方法包括：进行自我反省，开创一些新的想法；通过练习来实现自我发展；采取行动来保持不断进步，甚至对他人进行指导，帮助他们共同实现自我发展。

▷ 世界需要你！

我们需要更多禀赋优异、能力超群的领导者来让这个世界变得不同，我们希望读到这本书的每一个人都能成为这些领导者中的一员。

当你读完这本书的时候，我们希望你能够受到启发，成为自我世界的领导者，我们希望你知道应该从哪里开始努力，同时也知道努力的方向。在本书中，你将会学到优秀的领导者所应具备的关键品质，明确自己的领导风格的优势和局限性，从而得知应该如何发扬自己的领导风格来最大限度地发挥你作为领导者的影响力。

当你读完这本书的时候（也许读了不止一次），你将能够承担所需承担的风险，对周围发生的事情做出适当的反应，利用从周围世界得到的反馈，来推动自身向前发展和建立健康互利的关系。通过做真实的自己，你将成为一个更加充实、果敢、有内涵的人，并且能够成为一个现实世界中真正的领导者。

第二章

情绪调控

与人相处时，记住你面对的不是理性动物，而是感情动物。

——戴尔·卡内基

在我们进入第二部分所讲述的真正领导者所面临的现实问题，以及第三部分讲述的真正领导者的五个关键行为特征之前，你需要更多地了解情绪调控。为什么情绪调控很重要呢？情绪调控究竟是什么？它和现实世界中的领导者之间又有什么关系呢？

热衷于进行实战的你可能会想跳过这一章直接阅读后面的章节，去寻找一些切实可行的步骤，而不是阅读这些关于情绪的内容。

但我们希望你可以多一些耐心来阅读本章中的概念和观点。这并不会花费你太多的精力，但这一部分内容对于帮助你理解如何成为一位优秀的领导者却是至关重要的。而且，更重要的是情绪调控能够减轻你感受到的生活压力，让你的生活变得更加充实。我们在这一章首先讲解情绪调控能力，正是因为充分意识到了其重要性。

我们认为情绪调控能力是所有领导者都必须具备的基本能力，它能够帮助你成为一个鼓舞人心、影响深远和身心健康的领导者。我们将在本书的后续章节继续探讨这一点，以及情绪调控能力如何在具体情境中发挥作用，这将有助于你认识到情绪调控的重要性，以及通过自我练习来显著提高你作为领导者的影响力。

我们在第一章提到，我们认为许多领导人都没有进行良好的情绪调控。那么我们所指的是什么呢？

让我们先从明确情绪调控的定义开始。

> 情绪调控是指在某种特定情况下，所表达的情绪与所发生的事情相适应的程度。

情绪调控是一个很有趣的术语。情绪可以被看作是我们身体和大脑中的一个恒温器，我们通过调节它来调控我们对于周遭所发生的事情的反应。这就是对情绪调控的解释。神经系统在我们的身体和大脑里传递化学物质，从而帮助我们对于任何特定的情况做出适当的、审慎的反应。

当我们进行情绪调控时，神经系统会释放出帮助我们适应形势的化学物质。在这种情况下，我们就能够行为得体，也就很可能收到他人的合理反馈。但是，很多人面临的问题是，我们的情绪并没有我们想象的那么易于管理。情绪应该成为存在于我们内心中的有用的信息，引导我们做出合适的决定、行动以及反应。“情绪”(emotion)这个词的构成包含了“运动”(motion),它是用来改变我们的。如果我们情绪不受控制,就可能会产生两种结果:一种是我们的情绪过于强烈而无法被理解;另一种是造成我们自身的麻木,甚至神志不清。这两种结果都是毫无益处的。

▷ 战斗反应、逃跑反应、木僵反应

你或许听说过“战斗反应、逃跑反应、木僵反应”[①]的含义,这是我们面对危险时机体做出的三种本能反应,也是我们与生俱来的、身体中不可或缺的安全机制。它的作用超出你的想象。

“战斗反应、逃跑反应、木僵反应”机制的伟大之处在于它能够使躯体自动地对危险做出本能反应。但问题是,虽然这种机制能够本能地应对威胁——但它无法区分这种威胁是真的存在还是一种假象。

那么我们为什么要在一本关于领导力的书中讨论这一机制呢?

这是因为,如果你想要成为一位真正的领导者,你必须认识到这一机制在你自己和他人身上的存在,这是非常重要的。你需要利用情绪调控能力来帮助自己思路清晰,尽可能多地掌握出色的技能,有能力承担你应该承担的风险,从而成为一位真

---

① 战斗反应、逃跑反应、木僵反应(Fight, Flight and Freeze),心理学名词,为1929年美国心理学家沃尔特·坎农(Walter Cannon)所创建,其发现机体经一系列的神经和腺体反应将被引发应激,使躯体做好防御、挣扎或者逃跑的准备。——译者注

正的领导者。

我们曾经在参加过的多次会议中发现，相信你们也参加过类似的会议，一些人在一件看似微不足道的事情上逃避责任。一些人害怕演讲胜过死亡。一些人害怕与别人就他们不喜欢的事情进行对峙。那么你是否曾经对某件事做出过夸张的反应呢？你是否曾经展现出自己过于霸道、过于情绪化、过于咄咄逼人、过于居高临下、过于害羞的一面？你有没有见过他人展现出他们疯狂的一面？

终结谬论——对别人大喊大叫是激励性措施

对别人大喊大叫，质疑他们，或者令他们陷于困境之中（我听说有的领导者在讨论使用这样的策略）完全是适得其反的，不仅体现出你的领导能力很差，而且还会体现出你缺乏情绪调控的能力。这种行为只会让对方根据自身的应激偏好做出战斗、逃跑或木僵的反应，而不会产生任何积极的结果。

上述这些行为都是情绪失控的例子。但是我们常常在这种失控发生之后才会意识到，因为在当下，我们失控的情绪迅速蔓延，接管了我们的身体和行为。情绪在我们的脑海中传递这样的信息：

你必须战斗

你必须逃跑

你必须原地不动

这些信息直接影响我们的神经和腺体产生相应的化学物质遍布我们的身体。

这一切都发生在一毫秒之内，我们会非常迅速地做出反应，之后，我们又常常会为刚刚做出的行为进行辩护！

我们做出战斗、逃跑或木僵的反应是因为我们在脑海中错误地认为周遭存在危险，但实际上这种危险是不存在的。在我们很小的时候，由于缺乏认知推理能力常常会对周围的情况做出错误的判断，进而形成了这样的习惯，再加上我们自己的生活经历和信仰，最终构成了这样的反应机制。大多数人并不知道产生这种反应机制的原因以及我们是否能够改变自身的反应机制。好消息是，这种反应机制是能够被改变的。改变的第一步是意识到这一点。

◆ 卡伦的例子

“我记得有一次在车站，我坐在自己的车里等人，一个女人走了过来，敲了敲我的车窗。当我打开车窗后，她开始向我发表演说，内容是关于我不应该开车，我正在因为自己做的事情摧毁这个地球。当她离开以后，我看到自己正在发抖。虽然这个女人并没有很好地控制好自己的情绪，但她并没有以任何方式威胁到我，然而我的神经系统却在思考着“危险”。我在情绪上对当时的情境反应过度了，但我是在事后才意识到自己反应过度，当事件发生的时候我并没有意识到这一点。这就是这种反应机制的发生方式。我们意识不到这种反应机制，因为它在我们很小的时候就产生了。”

经常有客户在约见我们时，提到的第一件事就是：“我不明白我为什么会情绪失控，我明明拥有一个美好的童年。”人们常常会产生一种误解，那就是，情绪失控是因为童年创伤。但事实并非如此，我们现在对大脑发育的了解比我们的父辈们要多许多，当然也比祖父辈所知道的还要多。小孩子们总是充满了强烈的情绪——会因为饼干或玩具而突然发脾气。孩子们把这些情绪看作是痛苦，尤其是当他们年龄非常小的时候，所以我们在孩童时代处理自己情绪的方式会决定我们在成年后处理自己情绪的方式。以下是我们大多数人可能会遇到的一些影响我们情绪调控能力发展的事情：

- 在我们还是婴儿的时候，父母抱着我们会感觉疲惫，压力很大——我们把他们的这种情绪不稳定理解为“错误的”并感到害怕。
- 我们在小时候生病的时候，需要离开父母待在医院里——我们把它理解为“被抛弃”而感到悲伤。
- 其他孩子拿走了我们玩的玩具——我们把它理解为“不公平”并且感到愤怒。
- 尽管我们不饿，却不得不坐在餐桌边吃所有的食物——我们把这理解为尴尬和羞耻。

即使上述这些情况只发生过偶尔几次，这种反应也会在我们的头脑中定型，在我们接下来的生活中，我们就会情绪性地以同样的方式做出类似的反应——除非我们自己意识到了这一点并采取了一些对策。

我们的大脑直到5岁左右才能基本发育成熟；在此之前，我们没有理性的思维，所以身边发生的事情会在我们的大脑没有完全发育的情况下被定义。这会影响我们对之后所发生的所有事情的情绪反应，除非我们在情绪调控方面做一些个人努力来改变自己的神经通路。

现在你明白了，反应机制是很容易形成的。这就是为什么我们看到很多行为并没有逻辑性，但它们确实能让你在心理上感觉良好。

情绪调控能力很难自然形成；我们还没有见过任何一个人无需任何个人努力就能很好地进行情绪调控。我们是否能够完全通过情绪调控，而对生活中的所有情况都做出绝对适当的反应呢？我们现在还无法回答这个问题，但我们仍在努力探索这一问题的答案。我们可以告诉你的是，你越有能力调控好自己的情绪，就越容易清晰地进行思考、维系好和他人的关系、规划并解决问题。

读到这里，你是否开始发自内心地承认，想要成为一位优秀的领导者，你需要提高自己的情绪调控能力？如果缺乏情绪调控能力，你将无法保持思维清晰，你的行为可能会前后矛盾，你也可能发现自己对某件事情反应过度。很多领导者身上都存在情绪失控的情况，有些领导者会比其他领导者更容易出现这样的情况。现在我们提出一个问题：当有些领导者情绪失控的时候，你是如何看待他们的呢？

▷ 我们为什么会情绪失控?

让我们回到那些在当时看起来是必要的然而却毫无用处的逃跑反应,在没有明显存在的危险威胁时,影响我们选择逃跑反应或木僵反应的化学物质充斥在我们神经系统的周围。这些化学物质妨碍了我们大脑的能力,因而我们无法为其他活动提供更多有用的化学物质,也无法做出适当的反应,甚至无法直接进行思考。这时,影响我们做出战斗、逃跑或木僵选择的化学物质正迅速地进入我们的神经和腺体并接管我们的身体。(这出于明显的生存本能,因为我们没有对周围的情况做出正确的判断。)试想,假如你的生命真的受到了威胁,你其实根本不需要考虑别人的感受,因为你很可能在两分钟之内就死了!但是,当我们的情绪不受控制时,我们就不能直接进行思考,也就不可能做出最佳的反应。

多数情况下我们都无法意识到这一点。这就像是电脑在后台运转时发出的嗡嗡声:直到电脑被关闭之后我们才能意识到这种嗡嗡声的存在。同样地,直到卡伦控制了她的恐惧情绪之后,她才意识到之前她过度紧张了。(卡伦是“正常”成长、没有童年创伤的人。)那么,如果我们意识不到自己情绪失控,我们又该如何去做呢?

▷ 意识到情绪失控是必要的

你需要做的第一步是在你对某件事情做出不合理的反应时,尽量意识到这一点,把这当成自己的任务。

你可以通过反思自己对周遭情况的评价，以及在这些情况下的行为来了解自己的情绪。在这种情况下做出这样的行为是合适的吗？你会为自己的行为感到尴尬吗？你是否发现自己在对做出的行为进行辩护？在这本书中，我们将帮助你认识到自己想要获得什么样的情绪调控能力，以及如何获得这样的情绪调控能力。别担心，这并不困难，也不需要冥思苦想。我们的大脑有足够的可塑性来发展新的神经通路，甚至我们直到七八十岁都拥有这样的能力。我们人类就是那样神奇。

在接下来的几周里，你需要记录你的情绪调控。

注意那些你比正常应该做出的反应更生气或更烦恼的情况。一些典型的情况可能是：

- 对路上的其他司机发脾气或大喊大叫。除非真的有人撞到了你，在这种情况下你的有关生存的化学物质才应该被激活，你才应该做出激烈的反应。但事实上，人们做出的实际反应往往不符合引发反应的当时情境。
- 某人来晚了，你感到强烈的挫败感。即使他们道歉了，你依然无法让这种情绪消失。
- 你的孩子们不喜欢你为他们精心准备的晚餐，于是你在厨房跺脚或冲你的伴侣大喊大叫。
- 你在餐厅或咖啡馆等待服务，然而服务员却忽视了你，于是你感到很愤怒。

在一些情况下，你会感到比实际应该产生的情绪更加沮丧。一些典型的情况可能是：

- 某人迟到了，你马上担心他们遇上了严重的事故或其他可怕的灾难。
- 你发现自己为无法控制的事情而感到忧心忡忡。
- 当你的老板（或其他人）批评你的时候，你感到自己眼中含泪或直接哭泣。你觉得被他们的话语伤害了。
- 你在电视上看到令人悲伤的内容，然而节目结束后，你似乎依然无法排解这种悲伤的情绪。
- 当别人做错事情的时候，你会感到很沮丧，有时甚至比那些做错事情的人看起来更加沮丧。

在一些情况下，你会产生比实际应该产生的情绪更严重的害怕情绪。一些典型的情况可能是：

- 你发现自己很难入睡或放松。这通常是产生恐惧的化学物质过度活跃的迹象。
- 你害怕去和有工作关系的某人谈论某件事，因为你觉得这可能会成为一次艰难的谈话。
- 任何一种拖延行为，或者对于某种行为的避免。这通常是“木僵反应”的化学物质过度活跃的迹象。
- 你对于自己所处的某种关系不满意，却不断地推迟沟通。
- 你不满意你的父母或公婆（岳父母）与你的孩子进行交流的方式，但你却决定不就此事与他们进行沟通，因为你不想显得在从中作梗。

在一些情况下，你会产生比实际应该产生的情绪更严重的内疚或羞愧的情绪。一些典型的情况可能是：

- 你由于没有吃光别人为你准备好的晚餐而感觉很糟糕，或者你为了不让别人生气而吃光了你的晚餐，即使你已经很饱了。
- 你空出一些时间给自己，但却发现自己如坐针毡，或者发现自己总是在想着那些应该去做的事情。
- 如果你经常使用“应该”这个词。在那些有内疚感或羞耻感的人身上，这个词的感情色彩非常强烈。
- 你做了自己想要做的事情，然后又为别人做很多事情作为补偿，以期达到一种平衡。

在一些情况下，你感到麻木或产生的情绪比实际应该产生的情绪要少。一些典型的情况可能是：

- 你听到了一些好消息，你知道你应该感到快乐，但你的内心毫无波澜。
- 你亲近的人离开了人世，但你却没有感到悲伤。
- 你遭遇了车祸或差点儿遭遇意外，但你却没有任何肾上腺素分泌的反应。
- 你感觉在自己的生活中置身事外，没有亲身经历任何事情，只是像旁观者一样目睹了一些事情。

在上述描述的情况中，如果你不认可我们列举的一些反应是不适当的，别担心，产生这样的感觉是非常正常的。人的一生都在遵循某些行为模式，并且会找到很多不同的方法来做出自我判断和进行自我解析。所以你应该对自己宽容一些，不必强求自己在所有的情况下做出他人认可的合理反应，你只需要开始注意哪些情绪反应对你来说是不适当的。

▷ 意识到情绪失控之后

你可以做很多事情来帮助自己调控情绪。我们的建议是每次选择其中的一些方法来最大限度地提高你的成功率。正如这本书中提到的，成功的关键在于把这些方法培养成你的行为习惯，并严格遵守。如果你只是偶尔这样去做，那么它们并不会产生很深远的影响。我们知道你非常忙碌，在一开始的时候，你可能会觉得要养成这样的习惯，会多出许多事情要做，但在你坚持这样做下去以后，这些方法就会成为你日常生活的一部分，就像是做饭或者洗澡一样让你习以为常。

▷ 给情绪贴上标签

我们不是指给你的情绪起一个诸如“萨利”或“理查德”的名字，而是说要给你的情绪贴上一个不归咎于某一种特定原因的标签，比如“愤怒”或者“悲伤”。然后，通过表达“我感到愤怒”或者“我感到悲伤”，你就能够操控自己的大脑和身体对情绪进行储存和识别。情绪产生于你的内心，而非在你自身之外。你可能听说过这样一句话：“没有人能左右你的感觉。”——的确是这样的。

如果你认为我们的情感游离在我们自身之外，那么我们就把自身产生情绪的责任推到了外界的事情上。当你能够把自己产生某种情绪不归咎于外界的原因，你的大脑就更容易对其进行调节和适当地分配你的情绪反应。经常与你的合作伙伴或者同事商定你正在做的事情是很有必要的，否则有些人会觉得需要根据你的表情行事。你需要让他们知道，如果你想让他们做些什么，你会向他们提出要求。这样做你就划了一条明确的界限，你们就能够互相帮助。

▷ 立刻进行自我检查

当情绪反应发生时，你一旦意识到了自己有情绪失控的行为，就要立刻进行自我检查，询问自己“这种情绪反应真的适合现在发生的事情吗”。如果答案是不，那么你就要停止这种情绪反应，进行深呼吸，试图做出不同的反应。有时候，这样做意味着“我现在不适合处理这个问题，我会晚点再进行处理”。一旦你给了自己这样的信息，你的大脑就会开始记录下来。

▷ 控制呼吸

当你的情绪触发了你的呼吸变化，你的呼吸与你的情绪之间就产生了一种天然的联系。你可以利用呼吸练习来释放自己压抑的情绪。你可以随时按照下述方法进行呼吸练习，无须等到你的情绪被触发时再练习。这些练习对于缓和恐惧和愤怒的情绪非常有效。

> 如果你对于某种情况产生了过度的害怕情绪，你可以慢慢地吸气数到11，再慢慢地呼气数到7，让气体直接进入你的腹部。每次练习时重复四到五次。
>
> 如果你对于某种情况产生了过度的愤怒情绪，你可以慢慢地吸气数到7，再慢慢地呼气数到11，让气体直接进入你的腹部。每次练习时重复四到五次。

▷ 冥想

我们知道，冥想是一件“说起来容易做起来难”的事情，但这是很值得去做的一件事。对于冥想和正念参与者的最新研究表明，如果你经常进行这种练习，大脑结构实际上会发生变化。具体来说，大脑的更多区域会开始活跃起来，让你在情绪反应上更加冷静。

冥想的难点在于，保持头脑的清醒是非常不容易的，我们总是思绪万千，而且，在你开始从冥想中受益之前，你需要进行很多个星期的练习。尽管如此，冥想还是非常值得去做的，即使你一天只能冥想五分钟，四到五个星期后，你会发现你在感觉上有所不同，而且你对于事情的反应也有着积极的变化。

下面是帮助你开始冥想的一些步骤：

> 1. 找一个安静的地方。坐在哪里并不重要，重要的是能够安静地坐几分钟而不被打扰。

2. 舒适地坐着。

3. 专注呼吸。当你吸气时，用你的鼻子来吸气，让气体进入喉咙，然后再进入肺和腹部。这样做的时候，你可以睁着眼睛，把视线集中在某个点，或者闭上眼睛。当你呼气时，跟随你呼吸的频率。有时候把你的呼吸分成四次是很有帮助的。如果你发现你的思绪在杂事上徘徊(会有这样的时候)，你只需要意识到你的思绪在徘徊，然后随着呼吸轻轻地把你的思绪带回来。

每天花几分钟这样做，并把它作为一个规律性的训练。

▷ 注重身体健康

我们将在本书中谈论关于情绪调控的心理学方法，这对于你成为一位真正的领导者并取得成功非常重要。同时，我们也希望你注意身体方面，身体健康可以帮助你调节情绪。特别是要注意保持血糖水平，而且，恕我直言，一定要坚持锻炼身体！

你对自己身体的投入对你的情绪健康有着重要的贡献。我们确信你能够发现这其中的联系。如果你度过了一个昏昏沉沉的夜晚，喝了几杯酒又吃了一些咖喱，一般来说，第二天你会感到非常的懒散和困倦，而如果前一天你吃了一顿健康的晚餐，又喝了纯净的山泉水，就不会产生这样的感觉。当你的身体处理食物和饮料时，它会通过你的血液来输送化学物质，这会影响你大脑里的化学反应。仔细想想，这的确是有道理的。这就是你在饥饿的时候会变得喜怒无常或恶声恶气的原因，卡伦的朋友们会证实这一点。如果你和卡伦一起出去玩一天，一定要定时进行零食补充和休息，否则你可能会彻底垮掉——这可不好玩！

每个人的身体状况各不相同，所以并没有一个适合所有人的饮食计划，我们也并不建议这类计划。我们认为关键是要了解自己的身体是如何工作的，这样你就可以在需要的时候补充你所需要的东西。本书中有一些建议，你可以利用它们来帮助自己。

有一个共性的原则是：如果你感到低落、抑郁、易怒、烦躁或焦虑，你应该进行自我检查。询问自己：我需要吃一些东西或喝一些东西吗？令人惊讶的一点是，有时候你感到自己今天过得很糟糕，或者是感到哪里出了问题，然而实际上你只是需要吃一根香蕉和喝一杯水。这是真的吗？是的，这是真的。有孩子的人对这一点会深有体会——当然对于成年人来说也是如此。一般而言，人们并没有摄入足量的水分。所以你可以试着每天自觉地增加自己的饮水量，同时注意自己能量和情绪的变化。不断地对饮水量进行调整，直到你在每天的大部分时间都能够头脑清醒、足智多谋、精力充沛。你头脑清醒、足智多谋、精力充沛是一个信号，表明了你的身体保持了适当的血糖水平。

你将会惊讶这对于你的能力、效率和成功产生的巨大影响。

▷ 花时间和让你感觉良好的人在一起

另一种对你的大脑进行情绪调控的方法，是尽可能多地花时间和让你感到放松并且平等地对待你的人在一起。我们和谁在一起决定了我们的大脑结构和大脑中的化学物质。如果你感到不舒服，在某种程度上感受到了威胁，你的大脑会自行调整，随时准备防御或攻击。如果现在有一辆公交车朝你冲过来，或者有狮子站在你面前露出獠牙，那么在你的大脑中产生这样的化学物质是符合真实情境的。但在董事会或每周的销售会议上，你的大脑中产生这样的化学物质是不符合真实情境的。然而，可能就像我们一样，你也会经常在这类会议上发现这种过激的化学物质存在于自己或他人的身上。

建立关系是一件美好的事情。如果你拥有良好的人际关系，那么你只要和那些人在一起，就能够很好地调节自己情绪。你身边有没有这种类型的人？当你和他们在一起的时候，你会感觉很舒服、很放松，同时也能感受到自己的价值。他们会给你提供正能量，并且不会将这种正能量从你的身上抽离。他们不对你设防或者有所保留。即使是他们离开之后，你也会因为曾经与他们交往而觉得自己是一个更好的人。披头士的唱片制作人常说披头士乐队四人组就是这样的人。这样的人是难能可贵的，他们能够帮助你调节自己的情绪。这就是为什么有些人在遇到合适的伴侣后会发生改变，也是为什么孩子们会被从容理智的家庭成员所吸引。孩子们就像是化学磁铁一样，他们会被房间中最友善的人所吸引，到他们那里调节好自己的情绪。如果你曾经有这样的经历：一个孩子向你跑来，然后坐在你的大腿上或者抓住你的手几秒钟，之后又跑开了，这正是他们来向你寻求一些情感补给的表现。这似乎有不可思议的魔力。

就从现在开始，让这样的人走进你的生活吧！

▷ 心理辅导和治疗

在英国，仍有些人认为去约见心理咨询师是一件有点羞耻的事情。因为人们认为约见心理咨询师似乎意味着我们对自身的无能为力，或者意味着我们85%的时间都在哭泣。产生这种想法是非常遗憾的，因为拥有一位优秀的心理咨询师可以帮助你在情绪调控方面进展迅速。心理辅导和治疗是很受欢迎的，这是我们开展的第二大业务，非常实用。我们发现了一个问题，那就是许多的领导力训练都缺乏心理训练和关于情绪调控能力的训练，来帮助领导者们实现个人提升，从而带动他们周围的人也实现个人提升。

如果你想找到一个人用一对一的方式帮助你提高情绪调控能力，那么最重要的一点是这个人本身具备良好的情绪调控能力，而与他有什么样的职称、资历和经验无关。很遗憾的是，即使是那些已经有多年经验的心理治疗师，也不一定有着良好的情绪调控能力。因为我们在前一节中谈道：你和谁在一起会影响自己的大脑结构的调整，并会影响你自己的情绪，所以你需要一个具备良好的情绪调控能力的人来帮助你。如果那个帮助你的人情绪调控能力很差，你的大脑会意识到这一点并保持警觉状态。

了解你的培训师、咨询师或治疗师的情绪调控能力是否良好的方法如下：

- 在他们的公司里你会感到安全和舒适。在第一次见到他们时，你感到紧张是很正常的，但你不会产生受到威胁或出卖自我的感受。

- 你可能会变得情绪化或者说了一些你本来没有打算说的话。这表明你的大脑已经得知他们能够进行情绪调控，并且知道表达自己的情绪是安全的。

注意——下述迹象表明你的培训师、咨询师或治疗师的情绪调控能力很差：

- 他们在与你会面的大部分时间都在讲话，通常是谈论他们自己。
- 他们快速地提出建议，但理解能力很差。
- 你知道他们关于你的假设是错误的。
- 他们向你寻求安慰或是恭维。
- 他们自相矛盾。
- 你觉得自己比他们差。（除非产生这种感受是由于你自身存在问题，在这种情况下，你会觉得自己比任何人都要差。）
- 无论是以何种方式，你感到被操纵。

根据我们的经验和客户的反馈，一旦你意识到并且开始实践上述的建议，负面情绪就会离开你。这会帮助你停止责备自己或他人，避免把精力浪费在毫无意义的工作上。

要成为你想要成为的领导者，你必须对自己的行为负责。这并不意味着极端地控制和压抑自己的情绪以致达到“非人类”的程度，已经有足够多的人假装这样做了。而是意味着你在大多数情况下都能够适当地表达自己。(你是有血有肉的人类,所以让我们现实一些吧——你无法每次都做到这一点。)

当你恰当地表达出自己的想法时,你会发现别人会以不同的方式回应你。当你表述清晰的时候,别人也会清晰地听到你的声音。当你开诚布公、直截了当地表达自己的时候,别人也会对此做出相应的反应,这样就不会产生太多的混乱、争论或是误解。

拥有了情绪调控的能力,你就掌握了你所需要的控制力,同时也表现了自己真实的一面,这将有利于你发出的信息更容易被人们理解和接受。当人们感觉到正在掌握局面的某人能够对他们坦诚相待并做到言行一致时,他们就会感到放松,他们身上与恐惧有关的化学物质就会随之消失,之后他们就会利用自己的技能和资源来支持你作为他们的领导者,并帮助你实现自己的目标和愿景。

这是一个很简单的道理。人们用他们所做的,而不仅仅是他们所说的来回应别人。所以,你越是能够控制好自己的情绪,人们就越能感觉到和你在一起很有安全感。一旦你与他人开诚布公地进行交流,他们也会这样对待你,人们会看到你对自己负责,因此接受你的领导。

优秀的领导者需要情绪调控能力。这并不难,从现在开始练习吧。

第二部分
真正的领导者，真实存在的问题

L E A D E R

2

第三章

有关时间的老问题

> 现代人所面临的最严峻的挑战之一，毫无疑问就是平衡工作和生活。
>
> ——斯蒂芬·科维

许多人都拥有完美平衡工作和生活的梦想。你既有工作上的种种待办事项，又需要留出一定时间与家人一起度过，还要每周至少两次准时下班，甚至每周练习倒立一次，等等。

问题是，平衡工作和生活是没有实际意义的，因为工作是生活的一部分，所以不可能把这两者平衡。

然而，如果你热爱你的工作并能从中获得丰厚的收益，那么每天工作15个小时又有什么问题呢？有很多人在做他们自己喜欢的事情，因此他们不仅仅把做这些事情看作是一项工作，比如大卫·贝克汉姆和理查德·布兰森，以及我们的一些客户和学生。

如果工作太多（我们至今还没有听说过哪个面临工作和生活的平衡问题的人，他的问题是在于侧重生活太多了！）影响了你的健康，或者妨碍了你做一些对你来说更重要的事情，那它就成了一个亟待解决的问题。如果你并不面临这样两种情况，那么工作太多又有什么问题呢？

来自我们的领导力研究

摘自对下述问题的回答：

“此时此刻，你生活中面临的主要挑战是什么？”

缺少时间来进行自我提升，缺少时间阅读所有我买的书

时间不够

花大量的时间为他人做嫁衣

缺少时间做自己喜欢的事情

做生活的总体规划

腾出时间做我想做的事情

对于大多数人来说，关于工作和生活的平衡都是一个问题，因此有很多关于这一点的讨论。大多数人关注的点在于他们没有时间去做他们想做的事情，或者他们总是在花费时间做他们必须做的事情而无暇去做他们想做的事情。但我们认为，这并不是问题的关键。关键在于你和时间的关系，你的信仰、价值观以及你对于时间安排的选择的关系。注意，我们在这里所说的“你对于时间安排的选择”不是指你如何利用时间，也不是指你在某个时间段内需要做什么，而是指你如何度过这段时间。

终结谬论——时间

世界上每个人每天所拥有的时间都是一样的：24个小时。如何安排是你自己的选择。

虽然我们研究中的一些领导者（25%的受访者）强调工作和生活的平衡是一个问题，但绝大多数的领导者（75%的受访者）认为大部分情况下他们能够很好地平衡工作和生活。当然，我们没有询问他们在生活中的伴侣是否认同这一点！

这很有趣，四分之三的受访者认为自己能够很好地平衡工作和生活。那么他们是否做到了什么其他人没有做到的事情来达成这种平衡吗？我们需要澄清一点：他们中的许多人也提到了他们面临的挑战之一是工作太多而时间太少，因此，并不是因为他们的工作量比别人少，也不是他们认为自己能够更好地处理工作上的问题，那么他们为什么会认为自己能够很好地平衡工作和生活呢？总的来说，关键在于他们认为自己的生活和工作都很顺利。

任何参加过时间管理课程的人都会告诉你，他们之所以能够取得不同程度的成功，都是源于一个简单的道理，那就是：我们如何利用时间，跟我们的心理而不是能力有较大关联。当我们安排时间的时候，有两个关键因素在起作用：我们如何划分时间节点，以及对我们来说什么是重要的，即我们的价值观。

▷ 如何划分时间节点?

我们每个人对于时间节点都有着不同的划分：我们的一个客户在安排自己时间的时候，每15分钟划分一个时间节点，而另外一些客户则每几个月划分一个时间节点。这两种方法都有其优缺点。以15分钟为时间节点的客户效率很高，每天都处于忙碌状态，也很难让自己放松下来，常常因为时间紧迫而感到焦虑。以几个月为时间节点的客户时常能够轻松地享受时光的流逝，他们会感觉自己被快乐所包围，而缺点是当他们参加一个重要的会议时，可能会在错误的时间出现在错误的地点。他们并不健忘，他们知道这个月会发生什么，只是他们对于具体某一天会发生什么并不确定。

你是如何划分自己的时间节点的呢？是按照分钟、半天、星期、月还是年呢？

你喜欢的记录风格会揭示你划分时间节点的方式。那么你是喜欢月记、周记、日记，还是逐时记录呢？

了解自己划分时间节点的方式是非常有帮助的，因为你可以根据自己对时间划分的偏好来安排自己的生活，同时也能帮助你意识到自己在时间安排上可能会遇到的问题，并思考应该如何解决这些问题。

一般来说，你划分的时间节点间隔越短，你在自己的时间安排和计划中就越需要进行详细的说明。以“组织一场聚会”为例，频繁划分时间节点的人需要有具体的行动指南和待办事项清单来帮助他们组织这场聚会。类似于“组织一场聚会”这样的事情可能会让你感到应接不暇，所以在这种情况下频繁划分时间节点会有帮助。例如，把“起草一份来宾名单”或“挑选场地”列入待办事项。

习惯时间划分间隔较长的人可能会认为这种方法沉闷并让人感到压抑。如果你习惯于这样进行时间划分，那么请思考一下你希望在这个月或这个星期达成什么目标，而不是完成某项具体的任务。还是以“组织一场聚会”为例，时间划分间隔较长的人应该设定一个预期结果，如“在本月底的时候，我会确定场地”。而不需要特意地去安排在什么时间节点专门做网上调研，在什么时间节点和场馆沟通并实地调查。一旦他们设定了这样的预期结果，这些细节事项都会随着时间的流动自然而然地发生。

如果你发现你目前划分时间节点的方式对你不起作用，那么很可能是由于这种方式是你从别人那里直接学来的，而不是你自主选择的。然而事实是：对别人有效的划分时间节点的方式并不一定对你有效。这就是为什么许多时间管理课程虽然有趣，但都是毫无用处的。我们建议你尝试以不同的划分时间节点的方式制定计划，直到找到其中最适合你的方式。

▷ 如何利用划分时间节点的方式为自己施加一定的压力？

值得注意的是，任何一种划分时间节点的方式都存在一些问题。那么你应该如何为自己施加一定的压力？你可以做些什么呢？

▷ 时间划分间隔较短

把时间划分为较短的时间段——几分钟或几小时——的

人，很容易会在他们的日程中塞入过多的事情，并且可能会因此而感到疲惫。这是因为他们在完成每件事情后感觉良好，之后他们可能会选择继续做更多的事情，而不去思考为什么要这么做，也不会思考如何将自己所做的每一件事融入他们生活的蓝图。他们很难把自己所做的事情与生活的目标联系起来，因此时而感到很空虚。

如果你也面临上述问题，那么你就应该时不时地花一些时间（当然是在一个小时之内！）有意识地思考：你现在所做的事情是对你的整个生活有益的吗？有什么事情已经变成了习惯吗？（就像卡伦的妈妈每天都习惯用吸尘器进行大扫除——然而她家里只有两个人居住！）通过进行思考，你就可以把自己所做的事情与你的生活联系起来。这将帮助你厘清哪些是工作，哪些不是。通过练习定期反思你所做的事情，你会意识到哪些事情是有益于你的生活的，而哪些事情是无用的，从而腾出一些空闲时间来做其他有益的事情。如果空闲时间这个词让你感到好笑、不屑，或者让你出了一身的冷汗，那么显然你需要立即处理这一问题。

▷ 时间划分间隔中等

把时间划分为中等的时间段——几天或几星期——的人，当拥有一整天或一整周的时间时，他们可能会感到不知所措或压力重重。他们也可能在做事情的过程中迷失方向，因为他们有时没能把正在做的事情与他们生活的整体利益联系起来。

卡伦就是一个倾向于把时间划分为中等的时间段的人。

她在忙碌的一天中有诸多安排，或者会在忙碌的一周中安排大量的培训，她常常挂在嘴边的一句话是："天哪！（或类似的短语）简直没有时间留给意料之外的事情。"她知道这样不仅会让自己处于紧张之中，也会给约翰带来烦恼，于是卡伦需要确保自己每周都能抽空休息几个小时，这样的话，一旦有紧急情况出现，她就能有时间处理这些事情了。卡伦也需要留出一定的时间来把正在做的事情和这些事情对她的生活意味着什么联系起来。例如，她在这几个月中见过所有对她重要的朋友吗？没有人能够在一周的时间内安排所有的人与事，因此，延长划分的时间段就会很有帮助。

▷ 时间划分间隔较长

把时间划分为较长的时间段的人可能会在事情的优先次序和截止期限方面遇到问题。约翰认为："不是'可能'会遇到问题，而是一定会遇到问题。"

把时间划分为较长的时间段的人可能会低估做一件事所需要花费的时间。我们有一个朋友认为做任何事情都只需要十分钟——然而，他最终发现很难在十分钟内完成任何一件事情。因此，把时间划分为较长的时间段的人最终可能会感到沮丧和恼怒，因为他们在到达时间节点时并没有达到预期的目标。如果你是以这种方式来安排时间的人，拥有一个优秀的（把时间划分为较短的时间段的）副手或私人助理来辅助你会对你很有利，因为他们会确保你不会忘记事情。

我们知道的许多企业家都属于把时间划分为较长的时间

段的人，因此拥有与他们自己“不同时间划分”的副手或私人助理是很有价值的。这样企业家就可以专注于他们擅长的事情，并把其他重要的事情交由擅长此事的助理去做。虽然我们能够通过努力最大限度地发挥自己的能力，也能够通过努力学会去做那些并不习惯做的事情，但我们永远不会像擅长做这类事情的人做得那样好。当你能够意识到这一点，并且善于让人们发挥他们的优势时，你就可以节省大量的时间和金钱。

另一种方法是留出一些时间去做那些你不想做但仍然需要去做的事情。约翰有所谓的“管理日”，在“管理日”，约翰会整理自己的日常记录。为了防止把注意力分散到其他事情上，他在“管理日”不会接听球队的其他队员的电话，也会避免被他人所打扰。如果你是属于把时间划分为较长的时间段的人，关键是要注意不要为此花费太多时间；通常，半天就是你能坚持注意力不被分散的最长时间。

用最适合你的方式进行练习，直到你能够尽可能进入心流[①]状态。事实是这样的：时间永远是无法解决的问题之一。我们每天只有24个小时，每年只有365天，即使我们有多年的生活经验，也依然无法把时间完美地划分。因此，时间管理需要不断的改进和管理，当你学会与时间建立一种更轻松的关系时，生活就会变得简单多了。

作为一个领导者，如果你能够善于利用自己的时间管理偏

---

① 心流在心理学上是一种将个人精力完全投注在某种活动上的感觉。——编辑注

好和你身边的团队一起工作，那么你就能够创建一个融洽的、具备了成功所需的所有要素的团队。

▷ 对于我们来说，什么是重要的？

一旦你学会了如何以一种适合自己的方式来进行时间划分，下一件事就是决定在你划分好的时间段里做什么事情。心理学再次体现了它的重要性，你需要思考——对于我们来说，什么是重要的？我们的价值观是什么？

终结谬论——价值观

我们的价值观体现在我们愿意花费时间、金钱和资源来实现或避免的事情上。我们很难意识到自己的价值观。如果你想明确某人的价值观，就去观察他们用自己的时间做了什么；重要的是他们做了什么，而不是他们说了什么。他们说的很可能是他们的愿望，但并不是真正驱使他们的事情。

价值观非常复杂，有关于价值观的大部分内容也超出了本书的范围。我们在这里关于价值观的讨论主要集中在，价值观如何影响你有效地管理时间的能力。

我们只做在一定程度上对我们很重要的事情，即使这些事情不能让我们快乐，也不会给我们带来压力。当谈到与时间有关的老问题的时候，正是你的价值观在驱使你的习惯性行为。如果你像我们研究中的一些领导者一样，存在时间管理上的问题，那么你需要做的是，定期反思自己是如何度过这段时间的。

我们所做的大部分事情都是习惯性的，这会使我们的生活更容易一些，也更加具备可预见性。即使你认为自己的职业或生活方式在不断地发生变化，这其中仍然存在一个固定的模式。一旦你理解了这种模式，它将帮助你认识到自己是如何进行时间管理的，你也能据此做出一些改善从而让这一模式更好地服务于你的人生。

▷ 明确自己与时间有关的行为

与我们共事的领导者们认为他们使用过的一种有用的方法是，规律性地回顾自己是如何辨别工作是否完成良好的。

你也可以利用这样的方法：

周末的时候花点时间来回顾自己本周做过的事情。向自己提出下述问题：

- 本周我取得了什么成就？
- 哪些我想要达成的目标没能达成？为什么我没有达成呢？（回答这一问题时要避免责备他人或客观事物。）
- 我认为自己在时间利用上做得怎么样？
- 什么情况下我能够掌控自己的时间，什么情况下我不能掌控自己的时间？当我不能掌控自己的时间的时候，的年轻军官为什么这么不耐烦——这么想着的时候，军车已经把他们带到了笕桥机场。

至于他们两个怎么就突然抱在了一起，这简直就是上帝才能回答出来的问题。你想，几乎前一分钟，那东北大老爷还火气冲天地边开着车边骂着人，突然，车尖叫一声停住了。他们看见机场左向有人朝他们跑来，冲着他们叫："打下两架，打下两架！日本佬黑暗中罗力的胳膊，紧紧地搂着身边这个他还叫不出名字的杭州姑娘：他多么爱她啊，他说不出自己多么地爱她！这从天上掉下来的爱情，从地上捡来的爱情，简直叫他不能想象。他们已经这样手挽着手，走了一个晚上。他们坐在一辆车里做了多少事情——他们向司令部通报了胜利的消息，共饮了胜利酒，他们当然找到了忘忧以及忘忧的母亲。他们把该做的都做了，依旧觉得什是谁在掌控我的时间？

这里还有另外一个有效的方法，你也可以加以利用：

那就是在事情进展的过程中，时常问问自己“我为什么要这么做？”，并注意随后你脑海中闪过的念头。通过这样做，你就会明白，是什么在真正地驱动你的行为。

一旦你意识到了行为的真正驱动力，你就可以决定是否需要改变这种驱动力。

那么，是否还有其他更有效的时间利用方法能够达到同样的目的呢？

注意在某一时间段内不要选择做太多的事情，然后根据需要进行调整。

▷ 指导忙碌的傻瓜毫无用处，聪明地应对时间

作为领导者，你需要明确重要的事项，并且尽你所能去完成这些事情。并且，你需要合理利用其他具备相关技能的人力资源来帮助你完美解决你不擅长的事情。这样做，你和你的组织、家庭或慈善机构就能够更加高效。你无须做到无所不能。你可以以身作则，但不必事事亲力亲为。

当你知道如何更好地利用和管理自己的时间，你就会更容易保持良好的情绪调控状态。这会帮助你营造一种冷静和自控的氛围，这种氛围不仅对你自身有益，也会影响到你周围

的人。当你保持冷静的时候，你会向周围的人展示出自己的能力，这反过来又会帮助他们保持冷静。因此，他们将会更加高效地做事。

一种普遍存在于多数企业和家庭中的文化认为："有太多事情需要做，但却没有足够的时间去做。"这句话既像一句咒语一般总是被人抱怨，又像人们佩戴的荣誉徽章。许多与我们合作过的领导者认为，事实就是这样不可改变的。然而，情况并非如此。

为忙碌而忙碌、工作太多、没有足够的时间都显示出领导能力的缺乏，这并不是一种激励的工具！如果每个员工在绝大多数的时间里都表现得太忙碌了，那么作为领导者的你身上就存在着问题。这并不是工作太多，而是领导能力不足。忙碌是一种选择，你可以选择通过花点时间去思考真实情况、对你来说重要的事和想做的事，来改变这种忙碌的状态。

改变忙碌的状态需要强有力的领导，而且需要经常反潮流而行，因为许多国家和文化中都有这样的信仰——我们必须保持一种忙碌的状态。这种观点认为人们总是有许多事情要做，而我们只能不断地去做我们所能做的，否则就会让自己停滞不前。但事实并非如此。

这是一个简单的道理。你所承受的压力越大，你需要做的工作就越多，你所承受的时间压力也越大，你对情绪的调控就越少，你的随机应变能力就越匮乏，你的效率也就越低。这会使你花费更多的时间，获得的成果反而更少，从而加剧你的时间问题和所承受的压力，成为恶性循环。

你需要暂时停下自己的脚步，分析正在发生的事情，把事情按优先顺序排好并利用情绪调节控制自己的行为，这样你就能够在更短的时间内完成更多的事情，或者在同一时间段内将某件事情完成得更好，或者在更短的时间内完成所需要做的事情，从而让自己拥有更多的时间去思考、谋划，或者休息和放松。如果你现在认为这些都是“不可能的”或者是“妄想”，那么你正在让其他人或其他事控制属于你的时间，你需要掌控自己的时间，以身作则。

第四章

有关他人的老问题

如果你想在与难相处的人打交道方面积累足够的经验，那就养个孩子吧。

——波·本内特

他人。你不能与他们生活在同一屋檐下，但又不能完全脱离他们生活。这是一个领导力无法解决的问题，生活本身也不能。

约翰总是告诉卡伦，如果她的思想和行为和他完全一致，那么一切都会顺利地进行，他们生活中就不会存在问题，世界会变得更简单、更平静、更美好。卡伦对此的反应是在共同消费方面，这是很难实现的。

来自我们的领导力研究

摘自对于下述问题的回答：

“身处领导之位，哪些人或事是你不喜欢的？”

其他人在理解上反应迟缓
固定的思维模式并不愿改变
政治斗争令我感到厌倦
他人身上指挥或控制的管理方式
与有强烈控制欲和追求自我成就的人打交道
那些自我放弃并且需要我关照的人
那些一味追求绩效的人
那些思维固化的人
不得不与消极的人打交道

我们知道每个人都是不同的——有多少人会这样说并且相信这一点？“是的，每个人都是不同的，世界上的差异是如此美妙，这让世界成为一个美妙的万花筒、一次冒险……”

存在差异本身是一件好事。但是当你想行一些明智之举却又被“其他人”所围困甚至阻碍的时候，你的感觉就不会那样良好了。你明知道自己所做的事情是正确的，但是不知道，其他人为什么就是不听你的话呢？这很难吗？

你熟悉这样的感觉吗？我们以及参与我们研究的大多数领导人都遇到过类似的情况。

来自我们的领导力研究

摘自对下述问题的回答：

“你不喜欢其他人身上的哪些特征？”

总唱反调
优柔寡断
责备他人对情况的反应
暗箭伤人
过分自负
仗势欺人、横行霸道
管得太严
死板
对细节不够重视
过分纠结小事
傲慢自负

90%的研究参与者说他们很享受和其他人一起工作、共同发展。然而，63%的研究参与者强调了与他人相处中的某种困难，往往是由于他们不认同对方的立场。

作为领导者，如果没有人来领导，你就必须出面领导。位于公司的管理层仅仅意味着你是一个企业的掌控者，而不意味着你就是一个真正的领导者。这就是为什么所有优秀领导者都重点关注与他人的关系。领导者确实应该关注这一点。我们的研究并没有强调参与者的领导语境。无论你是商业领袖、社区团体还是慈善团体的领导者，都必须面对类似的与他人相处的问题。

▷ 真实地面对与他人相处的问题

我们无法保证我们可以解决你与他人相处的所有问题。让我们现实一些，你不可能喜欢每一个人。根据我们多年来与领导者共事的经验，那些说他们喜欢每一个人的人，要么是错觉，要么是自尊心很弱。如果你是一个拥有自己的观点和风格的领导者，你会脱颖而出，但你会与一些人发生冲突。这并不代表你是正确的或是错误的，只是表现了你作为人的真实的一面。一个遗憾的事实是，不管你认为自己有多了不起，并不是每一个人都会喜欢你。

我们将在本书的后续章节讨论更多关于与他人建立真实关系的话题；现在我们想把重点放在探讨问题行为上，帮助你加深对它们的理解，并帮助你决定如何应对这些问题行为。

有时候作为一个真正的领导者意味着离群索居，但在此之前你还有一些需要面对的与他人相处的问题。

▷ 这是一个与观点有关的问题

首先需要明确的一点是：所有对他人的行为所做出的解释其实都是你自己的观点。我们不喜欢他人的行为是因为我们对这种行为的含义做出了判断。很可能是，我们还没有真正地走近对方，就凭着感觉说："你看起来心胸狭隘，并且对自己的能力自视过高，是这样的吗？"然后对方回答："是的。"但我们并不是经常进行这样的谈话，我们对他人行为所做出的判断既可能是正确的，也可能是错误的。某种行为可能代表的其他含义是值得我们考虑的。

从我们的研究结果中也可以发现一些矛盾的观点。比如，有人认为"对细节不够重视"而其他的人又认为"过分纠结小事”。这决定于当你身处其位时是否看重他人身上的一些技能。一个优柔寡断的人可能会非常有创意，并且能在犹豫一段时间之后做出利益最大化的决定。在某些情况下这可能是一项非常有用的技能。

▷ 常见的不讨人喜欢的行为特征

我们依据自己的调查研究以及协助客户的经验总结出三个最常见的不讨人喜欢的行为特征。

接下来，我们会告诉你，表现出这类行为特征的人，他们的心理通常是怎样的？虽然并不是每个人都契合这一模式，但大多数不讨人喜欢的人都表现出了这三个特征。我们也会向你提供一些你可以运用的有效方法来帮助你处理这类行为，这对于你和做出这类行为的人都是有益的。也请记住，你对于这类行为的看法可能也是你需要努力改善的方面，因为他人的行为问题很可能代表了你如何看待这些行为。我们也会深入探讨一下这个问题。

▷ 问题行为——懒惰

你如何判断一个人是不是真的懒惰呢？哪些具体可观察的行为代表了懒惰呢？

懒惰是一个人在别人那里留下的印象。如果你在生活中是一个快节奏的、时刻保持行动的人，那么很可能你会发现周围更多懒惰的人。这是因为，如果你认为自己需要完成所有未完成的任务，永远不停下来思考，不惜一切代价地继续前进，那么所有没有这样做的人就会被你视作是慢性子的、乏味的、懒惰的。这是一个与你的个人感知有关的问题，它会在你的脑海中形成一种意识。

终结谬论——准时下班

如果下午五点是你工作结束准时下班的时间，不要提前溜走。准时下班能够表现出你具备良好的时间管理能力和有效的工作方法，并且暗示你是一个非常有自尊心的人。如果你对准时下班有任何负面的感受，那是你的问题，而不是那些准时下班的人的问题。

如果你不是一个懒惰的人，但是你身边有些人似乎总是不能把事情做好，他们总是在拖延或者提前溜走。那么在你采取行动处理这些问题之前，我们建议你花点时间去了解一下可能发生在他们身上的事情。

一般情况下，表现出懒惰行为的人大脑中有太多与“木僵反应”有关的化学物质。（请回忆一下第二章中的“战斗反应、逃跑反应、木僵反应”的化学物质。）这类人非常害怕把事情搞砸了、犯错误或者被他人指责犯了错误。所以当感受到压力时，他们会做出“木僵反应”，选择像鸵鸟一样把自己的头埋在沙子里，希望难题会自行消失。这种行为的原因可以追溯到童年时期，在那些曾经有过严重的羞耻情绪的人中非常普遍。

“如果我什么也不做，我就不会犯错。”

这句话是不合逻辑的，但却会让你心理感觉良好。明确了这一点，你就为克服懒惰问题奠定良好的基础。

▷ 怎么办？——询问懒惰的人是否需要帮助

我们非常理解你很想从背后踢他们一脚督促他们做事的急切心情，但是，如果你这样做了，只会激发他们身上更多的与恐惧有关的化学物质，加剧他们的“木僵反应”。如果你的目的是找出问题的根本原因，并且一劳永逸地解决这一问题，那么首先问问这些懒惰的人是否需要帮助吧。请以一种热心援助的、平易近人的方式去接近他们。与他们一起收集下述信息：哪些事情对于他们来说具有挑战性？还有谁能够帮助他们？他们需要进行一些训练吗？他们清楚自己想要做什么吗？

有时候人们并不明白你需要他们去做什么；这并不意味着他们愚蠢，也可能只是他们与你不同。例如，如果你是一个有远见的思想家，你的指示对倾向于接受细节性指示的人来说就毫无意义。在他们看来，你会显得肤浅而且含糊不清。你需要那些注重细节的员工来帮助你执行计划，你需要确保他们知道自己在做什么，并且对他们所做的事情感到满意，这样可以为你节省大量的时间和金钱，避免不必要的失败。

作为一位领导者，对那些看起来懒惰的人采取一种关切和热心援助的态度，将有助于使他们“木僵反应”的化学物质平复下来，这样，你们双方就拥有了解决这一问题的最佳机会。试试看，反正你也不会损失什么，更何况你很可能会为这种方法的神奇效果所折服。

▷ 问题行为——傲慢自负

你如何判断一个人是不是真的傲慢自负呢？哪些具体可观察的行为代表了傲慢自负呢？

被一些人视作傲慢自负的行为，可能会被其他人视作是自信的表现。如果你是一个缺乏自信的人，很可能你会发现身边更多傲慢自负的人。这是因为你对自己的能力不够自信，所以那些对自己能力自信的人可能就会被你视作是狂妄自信和过于自我膨胀。这是一个与你的个人感知有关的问题，它会在你的脑海中形成一种意识。

终结谬论——傲慢不能表现自信

当大多数人都认同某人的表现是傲慢行为时，不要因为这个人自以为是的自信而恼怒或嫉妒。你应当替他感到难过。傲慢其实是他缺乏自尊心和充满羞耻感的幌子。

如果你并不是一个傲慢自负的人，但是你身边其他人这样的行为不仅仅给你，也给别人造成了麻烦，那么你应该明白这个人缺乏自尊心，而且他在用傲慢来掩饰这一点。他的傲慢行为越明显，他就越缺乏自尊心。这听起来似乎很荒谬，但却是真的。过于自大的人可能永远不会像小孩子一样得到很多的表扬，所以唯一能表扬他们做得很好的人正是他们自己。于是他们不断地进行自我表扬，希望有一天能够真的相信自己足够好，久而久之这就成了一种习惯。

> “如果我不断地告诉别人我有多么伟大，终有一天我会相信自己。”

▷ 怎么办？——给予他们正面的反馈

我们深知，问题在于，你最不想做的事就是给傲慢自负的行为任何正面的反馈。这样做可能会让你感到不可思议，然而，如果你是这些傲慢自负的人的领导者，而你也想向他们提供帮助，这可能是一个非常有效的方法，这种方法可以帮助傲慢自负的人进步。赏识他们，你所收获的结果就是帮助他们更准确地了解到自己的表现，而如果你所做的只是指出那些他们做得不好的事情，那只会加剧他们自卑的痛苦，进而加剧他们的傲慢自负和防范心理。但他们往往意识不到这种自卑的痛苦；他们可能完全不知道是什么引起了自己的傲慢行为，他们唯一所知道的，也是他们一直以来都信奉的，那就是，他们必须用自己唯一知道的方式来保护自己。

作为领导者，你需要对他们进行仔细的观察，并对他们做得好的事情做出正面的反馈。这种反馈必须是真实的，否则将不会那样容易被接受。不要说一些客套话——这种话会很容易被拆穿。你需要特别注意到他们做得好的方面，并给予他们正面的反馈。

慢慢地，你可以开始在表扬他们做得好的事情的同时，指出你想要他们改善的行为。如果他们认为自己做得好的事情被注意到了，他们会更加容易接受你提出的意见。这时他们的防范心理已经减弱了，所以不太可能触发之前的那种过激反应，他们会以更积极的方式对你提出的意见做出回应。当然，达到这样的效果需要一定的时间，但是，这远比不停地处理傲慢和防范行为的后果所需的时间和金钱要少得多。

多年来，我们已经向许多组织机构提出了上述的建议，尽管它们对这样的建议感到难以置信，这可能和你现在的反应一样，但它们确实照做了，然后收到了令人惊讶的满意结果。

▷ 问题行为——霸凌

你如何判断一个人的行为是不是真的霸凌？哪些具体可观察的行为代表了霸凌呢？

被一些人视作是霸凌的行为，可能会被其他人视作是立场鲜明的表现。如果你喜欢与他人友好相处，避免冲突，很可能你会发现身边更多仗势欺人的人。因为你害怕冲突，任何有主见的人都有可能会被你视作是好斗的、强硬的和无礼的。这是一个与你的个人感知有关的问题，它会在你的脑海中形成一种意识。

如果你并不是霸凌者，但你的手下有员工表现出霸凌行为，不仅仅给你，也给别人造成了麻烦，那么这个人是非常情绪化的。具有霸凌行为的人很可能在小的时候被他们的父母、

终结谬论——霸凌是永远不能被接受的

我们经常会听到一种说法，面对霸凌的行为，我们需要变得更加坚强。这种说法完全是误导和无效的。如果你这样做了，相对而言好一些的结果是双方互相表现出霸凌行为，而最坏的结果是一方会遭受更严重的欺辱，或因为恐惧的阴影缩回他们自我保护的壳里。

兄弟姐妹欺辱过或者遭遇过校园霸凌。他们从中看到了这种行为所能带来的一些积极的效果，于是他们也效仿这种方式，成了霸凌者。有这类经历的人心中往往有很多压抑的愤怒，所以当他们成为霸凌者时，他们会表现出过度的不合理的侵略性。

> “进攻是最好的防御方式，如果我先发制人、咄咄逼人，那么人们会按照我说的去做，我也就不会感觉不好了。”

不幸的是，霸凌行为已经成为一些企业的文化准则，因而处理这种行为也变得相当困难。当人们认同那些最咄咄逼人、最具侵略性的行为获胜时，那么他们实际上正在表示这种霸凌行为是可以被接受的。但是，霸凌行为在任何情况下都不应该被接受。太多的霸凌行为存在于我们生活的各个方面，包括在家庭中以及在组织里。它伤害人们的自尊和自信，最终会影响人们的身心健康，并且总是会造成适得其反的结果。

▷ 怎么办？——解决霸凌行为

霸凌者实际上就是没长大的孩子。他们需要一个成年人来对付他们。霸凌行为源于软弱，而非强大。

◆ 例子

最近，我们听说某家企业的一位领导者要求他下面的经理们更具挑战性和侵略性，这样下属们就会看到他们的强硬作风，意识到事情的重要性，并且感受到他们对企业的忠诚。这种情况是很常见的、伪装成“挑战性”的霸凌行为，这是毫无用处的。虽然领导者的意图是激励下属，增加他们之间直接的、清晰的沟通，最终提高员工们的士气，并让员工们做出承诺。但与他预期相反的事情发生了。人们变得更加害怕、更加缄默不语，每个人都想要隐藏自己的痕迹，人们的士气也更加低落，并开始离开这家企业。

如果你想解决霸凌行为，你需要做的第一件事是确保你的情绪尽可能地保持在可控范围之内。霸凌行为旨在按下你身上的恐惧按钮，所以你必须先控制好自己的恐惧情绪。

当你控制好自己的情绪之后，你应该把不允许霸凌行为设定为你的组织或家庭中的文化规范。作为领导者，你应该领导其他成员完成这一规范的设定。这并不意味着以同样侵略性的行为攻击霸凌者。绝不应该允许利用霸凌行为获得任何正向的回报。

你需要通过自己的行为，而不仅仅是语言清楚地表明霸凌行为是不可接受的。你必须处理霸凌行为。

一些处理霸凌行为的方法是：

- 如果有人采取了霸凌行为，你需要告诉他们，当他们处于更理智的状态时，你再和他们谈论这件事。你需要用一种直截了当、实事求是的方式来表达你对于此事的态度。任何一丝表现出居高临下或过激的行为，只会使这件事变得更糟。如果有必要，告诉他们在明天的某一时间来找你讨论这件事。通过这种方式，你表达了你想要谈论这个问题的意图，即你意识到这是很严重的问题，但你不会采取和他们一样的霸凌方式来处理这件事情。

- 如果霸凌者站着，那么你也要站起来，尽可能地与他们在身高和身材上相匹配。让他们告诉你出现的问题是什么，保持语言的客观性并控制自己的语气使之缓慢、坚定而清晰。这将有助于缓和局势。

- 如果这种霸凌行为发生在会议中或公共场所，你必须清楚地知道这不是一种可以接受的行为方式。你需要找到一个合适的时间打断或改变话题，询问其他人的意见。尽可能地避免让对方感到羞愧，因为羞愧正是引起他们霸凌行为的原因，所以不要加剧他们身上的这种情绪。如果你能在处理这些问题时考虑到他们的尊严，那通常会得到最好的结果。

- 做出你希望别人效仿的行为。如果你直面霸凌者，其他人也会效仿。如果你在霸凌行为发生时什么也不做，之后再去补偿受到欺负的人，你只会让事情变得更糟。如果你表现出你不会接受霸凌行为，其他人也会像你一样拒绝这类行为。这种态度也会很快被霸凌者知晓。

当然，在一些情况下，特别是霸凌问题非常严重的情况下，上述这些方法可能会不起作用，那么你需要处理这个霸凌者，如果有必要的话，开除他们。如果你对这件事置之不理，你给霸凌者和其他人的信息就是，你不会去处理类似的行为，霸凌行为在某种程度上是可以被接受的，这样的情况就更可能再次发生。置之不理会给你带来接连不断的问题，也会破坏团队士气，并且最终会让别人认为你是软弱的。而问题永远不会自行消失。

▷ 应对难相处的人

我们必须承认，上述这些方法并不总是有效的，但是它们在多数情况下都是有效的，并且会给你提供一个解决问题的思路。而在它们不起作用的情况下，你也可以通过这些方法获得一些有用信息，从而帮助自己决定下一步要采取的行动。

通过阅读上述内容，你可能很容易发现别人身上存在的问题，并在他们表现出问题行为时说："我知道你存在自尊问题，这就是你做出这种行为的原因。"请千万不要这样做——对方是不会接受的！这些问题往往是在无意识中发生的，所以对方不会相信你说的话，并且很可能会做出不太好的反应——他们不太可能感谢你。

尽可能在保护每个人的尊严的同时解决问题行为。你可能需要在某些时候采取更直接的行动来解决问题行为，但是如果你及早处理问题行为并从一个低级别的干预开始，那么你就可以在需要的时候逐步提高干预的水平，你需要尽全力去解决问题行为，并试图在过程中尊重每一个人。通常领导者会在一开始的时候对问题行为置之不理，直到它们日益恶化以至无法忽视，这个时候往往就已经到了无法回头的地步了。作为领导者，你需要尽早开始着手处理问题行为，从而避免其发展成为更严重的问题。

在这一章中，我们也试图让你意识到，有哪些是你尚未解决的问题。如果你对某人的行为做出某种反应，这会对你产生什么影响？

应对难相处的人也有关你的自我发展，一旦你学会了应对难相处的人，他人的行为对你来说就仅仅是一种行为，而不会影响到你的情绪。反过来，这也是情绪调控能力如此重要的原因。

应对难相处的人可能会很难，所以请认真思考一下。如果你发现好斗者难以应付，那并不一定意味着你是一个愤怒或好斗的人（当然你也有可能是）。也可能是你对于处理这类冲突没有经验，经验不足的你可能还没有学到一个富有成效的方法。如果是这样的话，尽早地开始练习处理问题行为，从处理简单的冲突开始练习，一直到你觉得你能够得心应手地应对这类冲突问题。

我们在这一部分中所列举的问题行为是我们在与领导者以及未来的领导者共事的过程中所发现的最常见的问题。这其中的关键信息适用于大多数“难相处的人”的情况，我们希望你能对应对各种问题行为的方法加以练习以达到深谙此道的效果。考虑到我们花费大量的时间与其他人进行交往——无论是在工作中、家庭中还是社会中(这种时间是很多的，除非你是一个隐士)——这些技能和思维方式对于创造更充实、更轻松的生活是必不可少的。这些技能和思维方式不仅有助于提升你的领导力，也会对你的生活有所帮助。你的情绪调控能力越强，你就对别人的行为越发充满好奇心；他们的行为对你产生的负面影响就越小，你就会拥有更多的时间和精力来做你喜欢做的事情。

当我们谈论到与他人有关的老问题时，我们希望你也同时在思考："我身上有多少这类问题呢？"

如果你的身上不存在这类问题，那么你应该思考这些行为的背后隐藏着什么，你应该如何更有效地处理这类问题呢？

优秀的领导者需要花费一定的时间，有技巧性地和耐心地从根源上解决他人的问题行为，来避免重复不断地浪费时间、精力和资源来处理这类问题行为。

第三部分
现实世界中真正的领导者的五大行为特征

L E A D E R

3

第五章

利用反馈取得成功

反馈是冠军的早餐。

——肯·布兰查德

你早餐吃了什么？

反馈是一件有意思的事情。很多人都在做反馈，我们大多数人也都收到过反馈。然而，从我们的经验来看，这种反馈往往不是做得很好，或者并没有被很好地利用。

本章我们将探讨什么是反馈，以及反馈的来源，帮助你认识到自己内心的反馈，同时指导你应该如何接受别人的反馈。

▷ 健康的反馈关系

如果你想要成为一位优秀的领导者，想要取得成功，并鼓励和激励他人，那么你需要注意并利用反馈。

在很多情况下，领导者要么过于关注反馈，要么很少关注反馈。当你倾注太多的关注在反馈上时，你自认为这表明你是在倾听并回应那些需要你回应的事情。然而事实上，这常常会显得你软弱和优柔寡断，根据一点信息就改变自己的想法。另一方面，当你很少关注反馈的时候，你自认为这显示了你知道自己在做什么的自信和果断。然而事实上，这常常会显得你十分傲慢、脱离群众、不易亲近。

作为一位领导者，建立健康的反馈关系将帮助你避免与团队的疏远、无法实现自己的目标，或者错过做到最好的机会。当你建立了健康的反馈关系时，你的团队就会尊重你并且会经常与你进行沟通，你将能够利用反馈来不断地做出改进并获取相关信息帮助你走向成功。

你知道你或者你的公司在做什么吗？你是怎么知道的？你从哪里得到反馈？你关注这些反馈吗？

优秀的领导者的特征之一是利用反馈来帮助自己做出决定和指导自己将要采取的行动。虽然，一般来说，由于糟糕的评

来自我们的领导力研究

摘自对下述问题的回答：

“你认为成功的关键是什么？”

倾听并寻求理解

相信其他人也能够想出好主意

理解问题的能力

快速评估问题并采取行动的能力

观察并了解发生了什么

估经验和所谓的“三明治批评法”（当人们试图让你做他们希望你做的事情的时候，他们会先说一些你觉得好听的话，然后再慢慢地转向批评），“反馈”这个词通常会让人不寒而栗和感到呼吸急促。

这并不是我们所说的反馈。

▷ 我们所说的反馈是什么？

下面是牛津词典中关于反馈的定义：

1. 对于某产品、某人在某项任务中的表现等所做出的反应的信息，这些信息可以作为改进的基础。

2. 根据其结果或效果而对一个进程或系统进行改变或控制，例如在生化反应或行为反应中。

我们对这个定义感兴趣的关键点如下：

1. 它与收集信息有关，你可以在这些信息的基础上做出改进。

2. 你可以通过评估结果和效果来调整你正在做的事情。

这就是我们所说的反馈，优秀的领导者在这一点上做得很好。你从哪里获得反馈？你关注什么样的反馈？作为领导者，对这两个问题的回答既能成为你力量的源泉，也可能造成你的局限性。

反馈信息来自诸多方面，所以如果你仅仅从同一个来源获取反馈，你就会错过一些信息。而由于受自身心理偏好的影响，你也会关注到某些特定类型的反馈。通过在上述两个领域拓展自己获取反馈的来源，你将能够得到丰富的信息来帮助自己做出决定、评估自己的成功并作为未来行动的参考。

▷ 反馈的来源

每个人都有自己偏爱的反馈来源，这通常是由我们个人认为对自己的事业、家庭或生活最重要的影响所决定的。一些商界领导者对数字、底价感兴趣；一些家庭领导者的主要兴趣在于他们对外界所展示的形象；对于一些慈善方面的领导者来说，最重要的是他们的工作对于社会的影响力。我们知道公司把员工的反馈作为制定战略的关键性参考。我们个人最喜欢的是来自代表和客户的反馈。

那么，从哪一种来源获取的反馈最为有效呢？答案是以上所有的这些来源甚至是更广泛的来源！如果你只从你最偏爱的反馈来源获取反馈，你就会错过一大堆对于你作为领导者有帮助的信息。那么，下面就让我们来看一看可为己用的一些可能的反馈来源。

▷ 统计数字

如果你是一个生意人但不喜欢和数字打交道，那就找到一种能够让自己喜欢上它们的方法。看电子表格看到呆滞的领导者发现，把枯燥的数字转变成一个商业故事更有助于他们与数字建立联系。如果你的财务主管做不到这一点，那就雇佣一个新的财务主管。不要因为不明白数字的意义而怀疑自己的智商，利用你在业务、社区项目、慈善机构甚至家庭中获得的相关经验来帮助自己理解数字的意义。如果你缺乏这方面的经验，仍然有许多方法来帮助自己：你在银行和货币网站的客户关系经理，以及许多公司开办的培训班，都可以帮助你利用数据服务于自己的事业。

▷ 你的员工

员工往往是容易被忽略的一个宝贵的反馈信息获取来源。出现这个问题的原因是，员工们总是在假设领导者知道他们所知道的一切，因而他们就不愿意再多说什么了。我们在与高级管理团队合作时经常会发现这个问题。有时候一些片段性的信息出现了，就像桌子边上亮着的灯泡；但是之前并没有人想过要去收集这些信息，因为他们认为这些信息很明显。

员工调查通常被认为是在浪费员工和领导者双方的时间，因为在员工调查后不会发生任何事情，员工们也不会收到关于调查结果的报告。有效的员工调查的关键在于明确调查的结果。你需要的是对产品、操作流程，或者员工满意度方面的反馈吗？不要试图在一次员工调查中调查所有的方面。你需要明确你需要什么样的调查结果。我们经常发现，员工调查花费的时间越少就越有效，调查应该设计为人们可以在五至十分钟内完成非常具体的项目调查，而不是一年一次的马拉松式的调查。

不要总是去向那些容易找到的人寻求反馈。如果你需要关于新产品或服务的建议，营销部门可能不是最好的选择。丰富的反馈来源中也包含了最不寻常的反馈来源。

一个我们所服务的公司要求接待人员和保安人员进行定期反馈，因为这些人员接触到了公司业务的许多方面，他们能够听到人们在招待会上聊了些什么，能看到访客是如何被接待的，而且他们也永远是公司八卦的丰富来源。永远不要低估任何一个员工提供反馈的能力。

▷ 你的上司

你可能习惯于接受你的老板在正式场合给你的反馈，比如对你进行评价。如果你做了他们不赞成的事情，他们很可能会让你知道。你是否会利用这种评价作为反馈的丰富来源之一来帮助自己学习和发展呢？

要获得上司的反馈，并不是说我们需要在完成每项任务之后去询问他们："这项任务我完成得怎么样？"坦白地说，一旦你这样做了，频繁的询问会使你的上司发疯。我们指的是去问一些聪明的问题（参考我们对反馈的定义），然后利用你得到的答案来帮助自己改进或者提升。

这里有一些聪明的问题可供参考：

> 您觉得该项目（或会议）具体进展如何？
>
> 您认为我们能在……方面做更多的事情吗？
>
> 我想知道，在那个会议上我是不是太"……"了，您觉得呢？

得到这些零碎的反馈会有助于你进行情绪调节和获得自信。

终结谬论——反馈不是命令

仅仅因为有人提出要求，并不意味着你应该去照做。反馈是供你参考的信息，而不是要求你必须依此行动。

▷ 你的同侪

如果你是老板，没有上司可以获取反馈，那么来自同侪的反馈对你来说真的很重要，虽然这种反馈可能更难获得。当你处于领导位置时，你能从你公司的其他部门找到一个同事，或者是一个自己创业做生意的朋友，或者是家庭中你信任的某个成员，或者是一个经验丰富的教练和你谈谈吗？

对于身处任何级别和在任何背景中的领导者来说，无论是在商业、家庭还是社区中，同侪反馈都是非常有价值的。在这里，我们并不是在讨论一个360度全方位的反馈，当然如果你觉得这样对你有帮助，你可以选择去这样做。清楚地了解别人是如何看待你的将会帮助你了解，你对自己的看法是否与他人所感知到的一致。同侪反馈的关键在于从反馈中寻找共性，而不是针对你收到的每一条反馈做出回应。每一个人都是独特的，所以人们通常会注意到别人与自己不同的地方。下面是我们关于如何评估同侪反馈的一些建议：

1. 如果你得到了互相矛盾的反馈，那就忽略它们。例如有人认为你太注重细节，而还有人认为你需要更注重细节。你不可能同时接纳这两条反馈——这其实是关于他们自身的反馈而不是关于你的。

2. 在反馈中寻找共性，并避免对个人评论做出回应。

3. 根据你从反馈中获得的信息来决定你下一步的行动。

▷ 你的客户

的确，你的客户在选择购买或者不购买你的产品的时候，会给你提供反馈。但是，如果你只利用这一点，你就错过了其他丰富的反馈信息来源。设身处地地为你的客户着想，你将会得到更多信息，而不仅仅是能够知道他们是否会购买你的产品。

与你的公司里直接接触客户的员工定期开会，询问他们“客户们在谈论什么？关心什么？”并重视你所收到的回答。

卡伦在经营一个大型呼叫中心的时候，她的经理每周要花几个小时接听客户的电话，然后定期开会讨论反馈的主题。这种反馈十分有价值，能够为新产品、服务和流程提供信息。

一些领导者利用“下基层”式的实践，自然而然地直接接触到顾客，这样做也非常有价值。

焦点小组访谈[①]虽然是一种有效的方式，但这种形式往往

① 焦点小组（Focus Group）访谈，是由一个经过训练的主持人以一种半结构的形式与一个小组的被调查者交谈。主持人负责组织讨论。小组座谈法的主要目的是，通过倾听一组从调研者所要研究的目标市场中选择来的被调查者，从而获取对一些有关问题的深入了解。——译者注

是非常正式的，并且带有一个预先规定的意图。（例如，消费者会购买这个产品或服务吗？）所以被调查者经常会感到被审问，而且调研者通常带有一种固定的讨论模式，伴随而来的是，在这一过程中，与客户的互相沟通可能会被忽视。卡伦在原公司工作的时候就遇到过这样的情况，当她和其他管理者在单面透视玻璃后观察和倾听焦点小组关于投资的讨论时，一位客户开始谈论他对于房地产投资的看法。这时主持人阻止了他，因为这不是本次讨论的目的。卡伦回忆说："我们都坐在那里，双手抱头，十分失望，如果他能继续说下去，不管他说了什么，对我们来说都是非常有用的，但我们却永远都没机会听到了。"

因此，你所收到的反馈价值和你与客户进行互动的自然程度是成正比的。如果你正在经营一家餐馆，不时地去和你的客户一起坐在这家餐馆里吃饭，你所收集到的信息会让你大吃一惊。零售业的领导者们可以选择去商店购物，从中获取许多有关购买行为的信息。在我们的培训中，我们设置了一个收集客户反馈的正式流程，我们一直在倾听客户的声音，反馈通常是以间接的方式传达给我们的。

▷ 你的竞争对手

有些领导者一心想知道自己的竞争对手在做些什么，有些领导者则忽视了自己的竞争对手。这两种对待竞争对手的方式本身并不是绝对正确或错误的，关键在于你选择的方式如何影响你自己的行动和决定。关于你的竞争对手的信息是迷惑了你，让你质疑自己的决定，还是成了帮助你决定未来战略的有益信息？忽视你的竞争对手时，你是否同时忽视了关于市场竞争的重要信息？

从你的竞争对手身上获得的反馈会比你从正在竞争的事情上得到的反馈更多。不同于过去“狗咬狗的世界”，现在的许多行业中，竞争态度更趋向于合作化。许多领导者都意识到了竞争优势不止在于做同样的事情时成本能够压到更低、做得更快或更好。

你的竞争对手可以向你提供关于他们所利用的配套体系和服务的反馈，这可以帮助你做出决定。我们的一位客户曾在研究一种新的操作系统时，发现他的一个关键的竞争对手也在做这件事。于是他们决定就这一招标过程共同探讨，尽管他们最终在与谁合作上做出了不同的决定，但是关于每种选择的潜在优劣，他们都从对方身上获益良多。

▷ 你的市场

目前，互联网上现成的市场报告和数据远比以往任何时候都多。重点是不要使自己陷入信息之中，而是要思考一下你利用数据的目的。你是想研究市场趋势或定价数据吗？是想调查慈善机构的意旨？还是想了解其他国家正在发生什么？如果你清楚自己的目的，这将会帮助你厘清正确的信息。有时候信息可能来自意料之外的市场源头。我们不进行在线培训，也不打算这样做，但是，阅读一份关于在线培训增长的报告帮助我们看到我们与在线培训的区别在哪里，这样我们和客户谈话时就会很清楚这一点。

现在自行进行调研的成本也比以往任何时候都要更低廉。市面上有各种免费的调查工具，网上市场调研公司的收费也相对便宜。如果你利用社交媒体，那么这是一个能帮助你扩散自己的调查消息并收获大量反馈的好方法。你需要明确自己的调查目的：你的调查目的越具体，你所收集到的信息也就越有用。

你还可以利用很多其他的反馈源，但想要利用全部的反馈源是不可能的也是不必要的。记录下你目前还没有开始利用的反馈来源，然后选择一些来开始你的调查并获取反馈。

▷ 你自己

一切反馈的关键人物其实还是你自己。你如何给自己反馈？你会给自己反馈吗？

在你的脑海中，那个细微的反馈声是怎样的呢？是的，在我们每一个人的脑海中，都存在着这样的声音，它是会像球场旁边的啦啦队队长一样激励和鼓舞你呢，还是会像斥责孩子的父母一样指出你能够做的、应该做的、必须做得更好的事情，把你的每一个错误都视作一场灾难，而忽视任何对你予以嘉许的机会？

不管你脑海里的声音在说什么，花点时间去倾听你对自己说的话。你从自己身上得到了什么样的反馈？这种反馈有帮助吗？它是支持你的吗？这种反馈是真实的吗？如果你不确定自己做出的反馈，那就去咨询一个值得信赖的朋友或同事，让他们来对你的自我反馈进行评价。然后你就可以更准确地对自我反馈做出解读。你调控情绪的能力越强，就越容易准确地解读反馈，包括你的自我反馈。缺乏情绪调控能力的人往往会曲解收到的反馈，做出超出实际情况所需的过于积极或消极的反应。

◆ 例子

在英国的选秀节目“英国偶像”(The X Factor)中，一些参赛者们相信自己就是下一个玛丽亚·凯里[①]，然而他们并不能顺利通关，于是他们痛斥评委说：“他们到底懂啥？”另一方面，一些低调的参赛者们却对自己的才华一无所知，尽管评委说他们非常优秀，然而他们还是在关注自己做得不好的地方。

我们也能够在日常生活中(是的，“英国偶像”并不是真实的日常生活)发现这种情况。某些人过于夸大自己的能力，忽略任何与之相左的反馈。也有团队成员对自己所做的一切过分挑剔，告诉你会议进行得很糟糕，但最后却赢得了合约。这些成员会把很小的事情理解为巨大的负面后果。无论是上述哪种情况，这样的自我反馈都是不准确的。

你给自己的反馈必须是有用的。告诉自己你是一个糟糕的人有用吗？这会激励你更加努力吗？关于这一点，我们可以有不同的看法。请注意你对于这类反馈的感受——你感到被激励去做一些新的事情吗？我们对此表示怀疑。

如果你在某一件事情上做得非常好，你并不需要去对着镜

① 玛丽亚·凯里(Mariah Carey)，美国著名流行女歌手、词曲作家、演员、唱片制作人。其唱片销量在全世界破两亿多张，在全球歌坛享有“花蝴蝶”之称。——译者注

子大喊:“我非常了不起,快看啊,我就是一个英雄!”——这是疯狂的。你可以给自己一个象征性的鼓励,然后下决心去继续这样做,或者在将来再次采取这种方法。当你把事情做得很好并且很有效时,多做一些这样的鼓励是很有意义的,你需要借此培养自己准确反馈类似事件的能力。

如果你在某一件事情上做得不顺利,可以询问自己:“这一次我的表现不如我所期望的那样好,那么下一次我能做些什么样的改变呢?”而不是给自己背上沉重的包袱并且整天进行自我惩罚。这有助于阻止“战斗反应、逃跑反应、木僵反应”的化学物质产生,这样你的大脑就会有更多的行为选择的空间。通过给你的大脑选择的权利,你会惊奇地发现,当下一次类似的情况出现时,你会自觉地做出一些不同的反应,而这正是你训练自己去做的事情。这或许听起来很不可思议,但你还是要去这样做,并且注意其中的变化。当某些事情没有按计划发生时,约翰会对自己说:“约翰,你就是一个天才。”这是他阻止自身产生恐惧的化学物质的方法,这种方法能够帮助他关注当下,并让自己的大脑有更多的选择。所以找一个对你有效的短语并加以利用吧。

▷ 其他反馈?

在前文我们已经讨论过了如何给自己反馈,现在我们将思考应该如何筛选他人的反馈意见并对其排序。根据你自身的心理状况,你在筛选他人的反馈意见时会有自己的偏好,或者是从中寻找“我需要做得更好”的事情,或者是“告诉我什么是有效的”事情。你已经从前文意识到了每种偏好都有其用途和问题，我们将在下文继续探讨这一点。你在阅读这部分内容时，如果发现你对于这部分内容的反馈与你给自己的反馈之间存在共性的模式，这是正常的，因为这是同一个大脑——你自己的大脑——在进行处理。

"不要告诉我什么是好的，只要告诉我应该改进什么！"

有一些人，或许其中就包括了你，忽视积极的反馈，只注重建设性的反馈或批评。他们认为自己是一个注重改进的人。他们会告诉你赞美只是陈词滥调。对于这些人来说，问题在于他们错过了一个去发现他们其实做得很好的机会，这意味着他们不能准确地了解他们的表现。以这种方式筛选反馈的人往往没有注意到发生的好事；他们并非有意识地忽视它，而是甚至从来没有注意到它。

如果你就是忽视积极反馈的人，那么你应该重新审视你收到的反馈，通过有意识的努力从中找出一些积极的反馈。我们知道这很困难，一开始你可能会觉得这样做毫无意义，并认为关键在于坚持改进——如果不改进，生活的意义是什么？我们了解你的想法，但当你所做的只是寻找持续的进步时，你就会错过你所取得的成就带来的乐趣。

◆ 例子

参与我们培训的一家客户设定了一个非常难达到的销售目标，并给了自己两年的时间来实现这一目标。他们为此努力了两年，不仅提前完成了目标，而且超越了这个既定目标。到庆祝的时候了吗？不，我们的客户和他们的老板都保持了平静。“做得好，很高兴我们做到了这一点，现在我们需要在接下来的两年里做得更好。”所以他们设定了一个更艰难的目标，所有人又一次回到了自己的岗位。但我们的客户不理解为什么他们感觉很累，没有动力迎接新的挑战了。

我们需要看到成就，庆祝成就，需要时间来思考成就，这是人之常情。不断前进可能看上去很不错，似乎能带来源源不断的回报，然而，我们发现虽然许多人正在取得惊人的成就，但似乎永远无法感到快乐。

先问问自己：“我具体在哪些事情上做得很好？我擅长什么？”通过这样做，你会对自己的表现做出更准确的描述。更准确地了解自己的表现将有助于你更好地调控情绪，避免对挫折做出过度消极的反应，也可以在与他人的交流和互动中保持言行一致和考虑周到。这可能很难，但对于领导者来说，这是必不可少的。

“就告诉我什么是有用的，我不需要知道其他的。”
或者，
“不要告诉我问题在哪里，只需要给我解决办法。”

终结谬论——积极性

只关注积极的一面是痴心妄想。

有一些人对于那些暗示某事可能不起作用或需要改变的反馈毫不关心，他们对存在的问题并不感兴趣。他们认为自己是积极的、乐观的、激励人心的。但实际上，这只是他们的错觉。注意：没有人是绝对完美的，完美是不存在的。

仅仅关注产生效果的事情，而对其他的事情（或其他人）大发牢骚或全盘否定，你就会错失从错误中学习和真正提高自己的机会。人们要么会认为你不切实际，对生活的实际全然无知，要么就会对你保持沉默，掩盖错误的事情。无论是上述的哪种方式，都会让你失去作为领导者的可靠性。如果你是只关注成果的人，请认真倾听那些你可能认为是消极的或抱怨的信息，把这种倾听作为自己的工作。这并不是在鼓励消极和无益的行为；如果你觉得有很多消极的人在向你反馈，那可能是因为你没有在认真倾听。你需要做的是思考一下这些反馈是否揭示了需要解决的共性问题。

▷ “应对道路上的每一处颠簸”和“忽视显而易见的颠簸”之间的平衡

现在你能够更准确地了解你所听到、看到和感受到的反馈信息了，那么应该如何利用这些反馈信息呢？下一章我们将在着眼于深思熟虑后承担适度风险这一领导者的行为特征时，更深入地探讨这个问题。现在，我们需要思考以下两者之间的平衡：对你收到的每一条反馈（我们称之为“道路上的每一处颠簸”）做出反应，还是继续放任不管，即“忽视显而易见的颠簸”。

正如大多数事情一样，在这两个极端的选择之间存在着正确的道路，对于我们每个人来说，这条正确的道路都是不同的。有些人想在尝试新事物之前坚持很长一段时间，有些人会定期改变策略，即使这会使他们偏离关键性的战略方向。问题的关键在于：你选择的道路是有效的吗？如果是的话，请继续这样做下去；如果不是，你需要开始探索其他的道路并慢慢做出改变。

▷ 结论

通过阅读这一章，你会意识到要反馈的事情比你以前认为的要多很多。现在你已经了解了什么是真正的反馈，和所有你可以用来收集反馈的来源。你已经意识到了自我反馈的模式，以及这个模式的优劣之处，你还了解到自己在筛选和排序反馈时的偏好。

现在，你可以开始依据我们建议的方法来借助反馈实现自我发展。就像这本书中的建议那样，你需要进行实践，得到反馈，再次实践，从而实现自我发展。

第六章

深思熟虑后承担适度的风险

如果你不愿意冒不寻常的风险，你就只能沦于平凡。

——吉姆·罗恩

在生活中做任何事都需要冒风险。如果你从不冒险，那么你永远不会尝试任何新的事情。要想成为领导者，你必须能够承担风险，迎接挑战并且做出决策。当你这样做的时候，你会被视为一个希望改进现状的领导者，一个能与他人进行沟通，并且会鼓励他人抓住机会的领导者，一个敢于做别人认为不可能的事情的领导者。

来自我们的领导力研究

摘自对下述问题的回答：

“你为自己在领导岗位上所做的哪些事情感到满意？”

挑战现状，创造改变现状的条件

拒绝平庸
取得新的突破
达成交易
把自己的想法付诸行动
做出的决定带来了回报并为此感觉良好

优秀的领导者区别于非领导者的一点是，从某种意义上来说，他们准备好了承担风险，甚至乐于这样做。

作为一位领导者，如果你不去承担任何风险，你就会只被看作是一个原地踏步、到处修修补补、从不创新的人，而你的团队则会更多地被要求重复相同的工作，即使这些工作看起来不同，实质上也不会有什么改变。这样的领导方式会让你和周围的人都停滞不前。有很多个人和企业的例子都是这样的——你会想到哪些呢？约翰心里想到的是当他考虑改变他的职业生涯时的一个例子。

◆ 约翰的例子

多年从事会计工作已经让我习惯了安全行事——当我考虑改变工作的时候，我才意识到自己之前的工作有多安稳。虽然我的工作不再让我满意了，但对于改变的恐惧依然令我怯懦。我有很多理由来说服自己保持现状：金钱、房子、事业、好工作、好同事等，我也多次这样暗示自己这样想是正确的。我当时认为，离开安稳的事业到一个有风险的（实际上仍然是安稳的）行业工作是我的一个小小进步。但我仍然在从事同样类型的工作，只是冠上了略有不同的头衔，如你所想，很快我又在新的行业里感到不高兴。基于种种的分析和理由，我在那个行业多待了许多年，直到有一天，我请了一天"病假"。这是我第一次这样做。我坐在厨房的桌子旁，认真地看了我所做的所有分析。当我诚实地面对自己，并计算出我需要承担的风险时，我意识到，即使是在最糟糕的情况下，我依然能够通过卖薯条挣到足够的钱来保证自己有一个栖身之所。这种认识足以克服我心中的恐惧，于是我辞职了，开创了自己的事业。

来自我们的领导力研究

摘自对下述问题的回答：

"你认为你自己成功的关键是什么？"

我喜欢尽可能地走出自我舒适区

把有趣、实际情况和信心相结合，或许再加点儿勇敢

选择我所要攻克的困难

我已经学会了更加深思熟虑

现在请注意，领导者需要承担"经过了深思熟虑之后的"风险。领导者不仅仅需要考量那些从来没有认真考虑过的固有风险，还需要考量那些曾经考虑了很久，但是最终仍然没有承担的风险。优秀的领导者都会这样做：他们承担风险，并且会在采取行动之前对这些风险有一定的考量。那么，什么是

考量风险的正确方法呢？同样，并不存在一种固定的正确方法。但是有很多成功的方法可以帮助你作为领导者承担适度的风险水平。

让我们首先思考一下你现在的状况属于下面哪一种吧。

▷ 全能英雄

我们都知道那些全能英雄。你也可能是他们中的一员。来吧，让我们看一看那些一直在追逐风险的英雄人物，他们似乎很喜欢冒险，或者说，他们完全没有意识到风险。

这种冒险有时候确实会成功！

当然，这种冒险有时候也会失败，当它失败的时候——“我们走吧，越过山顶……如果我继续跑得足够快、足够远的话，我就能远远地抛下那些我所做的事情所产生的后果不管了！”

▷ 懒惰

另一个极端是那些不到危急时刻绝不采取步骤或者做出决定的人，这类人如果与100个人交谈，就会在与每一个人交谈后改变主意，或者不做出任何决定，除非完全确认这样做会成功——或者说，确保这样做不会失败。你是这样的人吗？如果你不确定自己是不是这样的人，我们建议你多做一些分析——这句话只是开个玩笑，如果你没法确定，那么这就是你！

上述哪一种是最好的领导者？事实上，两者都不是。

优秀的领导者追求成就，要求高质量，不惧怕失败和拒绝。

然而，他们并不是鲁莽地去行动。

在我们的领导力研究中，41%的参与者说他们希望迅速采取行动，59%的人说他们需要时间思考并考虑所有潜在的问题。有趣的是，根据调查结果，需要时间思考的人比积极行动的人要多。

正如我们在一开始说的，如果你不冒险，你将一事无成。当你还是婴儿的时候，你可以坐在那里，爸爸妈妈会给你提供一切你需要的，你完全可以一动不动，但你并没有选择这样做。

▷ 人类生来就要追求更多

你为什么想要行动呢？当你还是一个婴儿的时候，你环顾四周发现周围的人能够通过移动获得好处：他们可以快速地从一个地方移动到另一个地方，他们还能够走过去拿到他们想要的东西，而不需要依赖其他人。所以你也去这样做了，但你同时承担了风险。我们一生中从未遇到过一个人第一次尝试的时候就能学会走路。这需要练习，你会不停地摔倒，你会反复尝试直到掌握平衡，然后迈出第一步。即使你在走了几步后跌倒了，你也没有放弃，你会一直练习直到最后你能够真正地行走，再之后能够奔跑。最后再没有人能够阻拦你的脚步！

因此，在创造任何新事物时，你必须冒第一次可能会失败的风险。是的，我们知道，你可能会面对不完美、错误、失败。更糟糕的是，你甚至可能会在第二次或第三次继续失败。但是，当你还是一个婴儿的时候，学走路也会经历这些失败，那么，现在的状况并没有什么不同，你又在惧怕什么呢？

作为领导者，对任务、目标和机会采取坚定和热情的态度，并且不畏惧犯错是正确的。但你如何得知一件事情在失败之后是否值得继续去做呢？是把它作为未来成功的实践经验而继续，还是认为它不再值得继续去做而停止呢？在下一章中，我们将更具体地探讨失败，现在我们要把重点放在采取行动和反思之间的平衡上。

在平衡行动和思考的关系时，你需要有能力去了解风险，评估后果，然后采取行动。我们所认识的或通过阅读了解到的任何伟大的企业家和成功的领导者，都有能力经过深思熟虑后承担适度风险。他们并不是总会成功，这对于任何人来说都是不可能的，但在一段时期内他们正确的时候要多于犯错的时候。这一部分得益于他们知道什么时候应该行动优先，而什么时候又应该反思至上。

▷ 积极行动者vs反思者

在积极行动和反思之间，我们都有着自己的倾向，和其他任何的对立一样，积极行动和反思有着各自的优劣，这种优劣取决于当时的环境和任务。

积极行动者以行动为导向。当没有任何事情发生时，他们会感到沮丧。他们的需求是“做点什么”。他们做了很多事情，这既是他们的优势，也可能是他们的弱点。当他们采取了许多行动，但不是在正确的事情上（这会令反思者发疯）时，或者当可能有价值的事情很快被驳回时，他们的弱点就显现出来了。卡伦的一个客户曾经说过：“我宁愿现在收到一个否定的答复，也不愿意等三个星期收到一个肯定的答复。”“真的吗?”卡伦问道。他说这句话的时候是很认真的，但当卡伦与他对此进行分析时，他意识到这并不是一种有益的思考方式。

给积极行动者的小建议：

1. 把一些事情推迟到明天去做

2. 花点时间思考问题

3. 做出一个决定之后，经过一整晚之后再看看这一决定是否还未动摇

反思者是天生的思想家，他们仔细权衡一切，考虑所有可能的后果，如果有疑问，就等待更多的数据。理解的深度和对后果的考量是他们极大的优势，但是反思者的弱点包括错失良机、效率低下（特别是在积极行动者的眼里）和停滞不前。

每当约翰说“让我们想想”的时候，积极行动者卡伦都感到自己要爆炸了！然而，对于一个积极行动者来说，花更多的时间去考虑某件事情，往往会对结果产生改变。（即使是只花费一点点时间，真的！他们也会从一件事情的积极行动者变成另一件事情的积极行动者！）另一方面，有时反思者只是需要采取某种行动，即使这会让他们感到害怕，即使这种行动还没有被足够详细地研究过。我们的建议是，当和反思者共事时，试着从一些低风险的事情开始着手行动，否则他们可能会崩溃！

给反思者的小建议：

1. 快速做决定
2. 工作时利用任务列表
3. 做点什么，任何事情都可以

▷ 优秀的领导者需要具备灵活性

优秀的领导者从解决手头问题的行动和思考两个方面都能发掘利益。他们成功的秘诀不是要完全平衡行动和思考的关系，每个人都有自己的偏好，这也正是你的优势所在。对于领导者来说，一个有效的策略是选择你信任的但与你在“行动还是思考”方面有着不同偏好的人共事。这样的人能够成为你的决策咨询人，他们可以根据不同的需要帮助你减缓行动速度或者加快进程。

小的改变就能够产生大的不同。不要试图让积极行动者坐在山顶去思考一些事情——这对于他们来说是过于巨大的改变，这是行不通的。

对于反思者来说，帮助他们提升的方法是在相对不重要的事情上迅速做出决定，比如挑选什么样的文具，选择吃什么。（说真的，他们会花大量的时间在这些事情上！）如果你是一个反思者，任务列表能够帮助你弄清楚什么事情亟待解决。如果你是一个反思者，我们建议你去做一些事情，做任何事情都可以，这会让你出一身冷汗，然后清醒过来。我们的意思是，如果你陷入关于某件事情的思考之中，你应该去做一些事情来打断思考。这些事情可以与你正在思考的事情完全无关——比如去割草。但身体运动往往能够帮助你的思路变得清晰，并鼓励你采取行动。

▷ 再次提及那些化学物质

你对于行动或思考的偏好实质上反映了你原始的生物本能。积极行动者身上充斥着“战斗反应”或“逃跑反应”的化学物质，他们选择正面解决事情，或者迅速摆脱事情。而当面临急迫的事件时，反思者的身上充斥着“木僵反应”的化学物质。这些生理反应体现了你的内在安全机制，你从之前的章节就已经学到了这一点。因此，你会在大部分的做事方法和策略中坚持自己的偏好。你需要小心处理任何关于你偏好的改变，当然我们并不是指去学习新的时间管理模式的课程！

一般来说，进行情绪调控将有助于你在反思中有所行动或者在行动前进行一些思考，因为情绪调控会阻止你对自己的偏好做出过度的反应，而仅仅把它当作一种偏好。当你进行情绪调控时，你就能够利用其他偏好的优势并享受它们带来的好处。如果此时此刻，你愚笨地想要拒绝利用积极行动者或者反思者的优势，并且无法理解其他偏好的好处，那么你需要调整你的情绪调控能力，因为你正在对自己的偏好过度反应和过度关注。

▷ 进行高质量的反思

现在你已经得出了关于自己是一个积极行动者还是反思

者的定位,那么下一步你应该怎么做呢?尽管两者是不同的,但答案却是相似的。如果你更偏向于一个积极行动者,那么在采取行动之前,你需要练习进行高质量的反思。你会很高兴听到这并不包括低头发呆好几天。(让我们现实一些吧!积极行动者是无论如何也不会这么做的。)这包括在你行动之前花费时间来思考可能产生的结果。而对于一个反思者来说,问题在于行动。你提升的方向就在于你有能力充分利用你的反思时间,然后让自己尽可能地去承担风险,而不是因为总是在分析而走向失败。

无论你是一个积极行动者还是一个反思者,你进行反思的质量取决于你如何改变你心中的风险和后果。

▷ 改变你关于风险和后果的思维

当你过度改变自己关于后果的思维时,它会让你做出不利的决定。你要么过度歪曲负面后果,要么淡化负面后果;你要么对可能的结果幻想过多,要么完全否定这些可能的结果。这看起来似乎很简单,但是否能够做得好却取决于你的心理。

反思一下你做出的并没有取得好结果的决定——你如何评价这样的结果?

你是否——

因为积极的可能性而感到兴奋,同时忽略任何消极的信息?

卡伦很喜欢乔治·克鲁尼,经常看他的电影,然后她对自己说："这部电影里面有乔治，肯定不会有多糟糕吧。"然而，约翰将证明，事实可能是"这部电影非常糟糕"。卡伦会因为她喜欢的演员在里面而高估一部电影的质量，同时忽略任何关于这部电影的其他信息。

这是一件微不足道的事情。（除非你把我们看不喜欢的电影所浪费掉的时间算在内！）但是同理，在商业和生活决策上，人们也会做类似的事情。有多少失败或部分失败的婚姻是由于对婚姻过于浪漫和不切实际的看法。婚姻意味着你需要和另外一个人共同生活，而没有任何一个人是绝对完美的，所以他们不可能达到你的全部期望。我们个人认为对婚姻产生的这种期望部分归咎于媒体和浪漫电影所营造的假象；除了年龄警告，电影上还应该呈现下述的警告：

> 这部电影纯粹是幻想，绝不能代表现实生活，请单纯地尽情去享受其中的乐趣吧。

你是否由于自己被可能获胜的兴奋冲昏头脑而沉迷于糟糕的商业或投资决策？如果是这样的话，过于积极的幻想可能是你存在的问题。这也正是上瘾和失败的赌徒所做的事。当你沉溺于这样的想法时，你会自动在脑海里删除或过滤任何相反的事实——这样的事实只会否定你的想法，不是吗？在某种程度上，我们都会这样做；毕竟，一厢情愿让我们感觉良好。成功人士不会经常这样做，而当他们这样做的时候，他们会从中吸取教训。

或者——
你是否对于消极后果过于小题大做了？

卡伦的奶奶常说："如果你总是想到可能发生的最坏的事情，你将永远不会失望。"她是一个非常典型的劫数难逃论者。所以当卡伦去肯尼亚的时候，她的奶奶总是会查到肯尼亚发生或曾经发生过的最糟糕的事情，好像要向她证明去肯尼亚是多么危险。卡伦是一个经验丰富的旅行者，她是非常明智的，而且明白在周全的计划和调查之后，她可以在世界上的大部分地方安全和愉快地旅行。像卡伦的奶奶一样，许多人将负面情绪扭曲到如此程度以至于他们不会走出舒适区。想想看，如果你只考虑一个决定可能带来的消极后果，你就会止步不前，陷入困境，只会做白日梦，因为这样做比实际行动更安全。这是因为你的想法会促使"木僵反应"的化学物质产生。你躺在扶手椅上做白日梦，同时为你什么都不做而辩解。

约翰回忆说，歌诗达协和号邮轮（Costa Concordia）刚刚沉没时，他和儿子杰克正在看新闻。杰克问约翰："邮轮真的很危险吗？"杰克只有5岁。然而，许多成年人也在以类似的方式回答他们自己提出的问题。他们看到新闻，就认为全世界都很危险，每一条街道上都有劫匪，不要去（你可以在这里输入任何城市的名称），否则你就会受到攻击。约翰向杰克解释说，这件事成为新闻正是因为它是不寻常的，新闻只报道不寻常的事情。

不幸的是，当人们沉溺于自己的舒适区时，他们从未得到过这样的信息，对他们来说，新闻是真实生活的反映。因此，他们不愿意出去探索或尝试不熟悉的事物。

当涉及我们自己的生活时，我们也可以这样做。我们曾指导过很多考虑离开现有的工作岗位、开始新的职业生涯的人，从现有关系中抽身、建立新的关系的人，开始新的生意的人，以及搬家、移民的人。其中一个主要的工作就是帮助他们思考他们所想做的事情的现实后果。不是我们对于现实的看法，而是他们自己对于现实的看法。

你在很多年前就构建了这种思维模式，这种思维模式能够自动运转，但你很少意识到它的存在。这种思维模式会在毫秒内运转，所以你需要迅速抓住自己的想法，询问自己："这是真的吗？还是我过于小题大做了？"如果你能够做到这一点，你就能够战胜自己对于事实的歪曲，并通过计算风险做出正确的决定。

▷ 从我们歪曲事实的思维中获得真实

我们不是说你的想法是错误的。这不是关于正确和错误的问题。我们想知道：你检查过自己的想法中是否存在无用或虚幻的歪曲吗？通过更有意识地检查你对于结果的分析，你会更加熟悉自己的思维模式，区分这种模式在什么情况下对你有益，在什么情况下对你无益。然后，在做完下面的建议练习之后，你会自动开始拓展思维的界限，在头脑中营造新的选择，从而在你的领导风格上创造更大的灵活性，并能在深思熟虑之后承担更多的风险。

▷ 你应该怎么做呢？如果——你过度歪曲了积极的结果

想想这样的情况，你真的为某事的可能性而兴奋，真的想要得到它，想要去追求它，但最终你得到的并不是你想要的结果。

那么问问你自己：

1. 你现在了解到什么新情况是你做这件事之前没有意识到的吗？

2. 回想你之前的经历，你是否有什么感觉、想法或直觉告诉你有些事情不太对劲，但你忽略了或者没有检查？

3. 现在回到你在脑海中决定去做这件事的时间点上，带着你刚刚发现的所有信息。如果你在最初做决定的时候拥有了这些信息，你会做出什么不同的事情吗？

上述过程能够帮助你训练自己的大脑在做一件事情的过程中的所有有帮助的时间节点上（在你决定行动之前）查找相关信息。当你经常这样做之后，你就会自动地进行思考。结论并不总是像“我本不该去做这件事”那样简单；你可能还是会去做这件事，但你会在做之前调查一些情况、明确一些界限或提醒自己，从而进一步帮助自己完成好这件事。

▷ 你应该怎么做呢？如果——你过度歪曲了消极的结果

想想你在生活中后悔没有去做的事情。

然后问问你自己：

1. 你对此有什么特别的遗憾吗？

2. 回想一下，在你决定不去做你现在后悔没有去做的事情之时，你的感觉是怎样的？你在害怕什么？根据你现在所知的信息，当时的那些担忧是真实存在的还是不相符的？

3. 你当时本可以采取什么步骤来帮助自己认清形势呢？你是否需要和以前做过这种事的人谈谈？或者更多地关注积极的结果？还是去和他人聊聊自己的忧虑和恐惧，这样他们就能帮助你正确地看待这些消极情绪？

上述过程能够帮助你训练自己的大脑在做一件事情的过程中的所有有帮助的时间节点上（在你决定行动之前）查找相关信息。当你经常这样做之后，你就会自动地进行思考。结论并不总是像“我本该去做这件事的”那样简单；你可能会认为当时的恐惧和保守是可以理解的，而不是全盘否定自己过去的决定，你可能已经决定在将来某个时候重新考虑这件事。

我们不会去断定任何人的决定是正确的还是错误的。唯一重要的问题是：你真的对这个决定的结果感到高兴吗？如果你是这样认为的，那么在阅读这一章的时候你就不可能突然联想到这件事。所有在你阅读这一章时浮现在你的脑海里的事情，正是你的大脑在给你的信号，这信号告诉你，你对这件事存有疑问，或不满，或略有遗憾。不要忽视这一点，重视这个信息。这信息能够帮助你在未来做决定，并提高你在深思熟虑后承担风险的能力。

▷ 结论

现在你已经阅读了所有关于深思熟虑之后承担风险的内容，以及灵活地选择行动抑或反思将如何显著提升你作为领导者承担适当风险的能力的内容。当你进行练习之后，你会提升自己评估每一个重要情况的能力，利用适当的时间来做出选择，然后清晰而坚定地采取行动。当你成为一位头脑清晰、信念坚定的领导者时，你的指令信息会更容易被他人理解和接受，并被依照来采取行动。

在未来的日子里，当你面对各种选择并需要做出决定时，请记住，深思熟虑之后承担风险可以让你周围的人相信你的领导力并与你站在一起，你的沟通将变得清晰流畅，并经常地带来更好的结果，最终会帮助你获得所追求的成功。

第七章

具有预见性和灵活性

我没有失败，我只是发现了一万个行不通的方法。

——托马斯·A.爱迪生

在前面的章节，我们已经就准确地测定反馈和深思熟虑后承担风险进行了讨论。但如果你并不清楚你所要达成的目标是什么，上述这些优秀的特质对于你来说就是毫无意义的。在我们的领导力研究中，74%的参与者是通过设定长期性的目标来激励自己的，26%的参与者是通过解决复杂的问题来激励自己的。这涉及了一些关键的领导特质：激励、对失败的态度和灵活性。

仅仅具备你所领导的领域内的专业技能并不代表你具备了领导者或者成长为领导者的能力。你可能已经意识到，要想成为一位优秀的领导者，你需要同时提升自己的思维能力和行为能力。

通过之前的章节，你已经了解了如何利用反馈和深思熟虑后承担风险，在本章中，我们将会把这些知识的应用与对于激励、预见性思维以及对失败的态度的探索相结合起来。

优秀领导力的关键在于设定目标，具备清晰的思路和达成目标所需的技能和精力，然后朝着目标勇往直前，同时激励他人，最终获得成功。

▷ 了解动机

在我们的领导力研究中，我们发现绝大多数的领导者都把取得成绩和成就某事看作是一种关键价值。这在做出改变、成就大事、实现目标等诸多方面表现出来。

来自我们的领导力研究

摘自对下述问题的回答：

“你在领导岗位上所做的哪些事情让你觉得很愉快？”

看到结果和变化

指明方向，交付成果

考虑那些与众不同的想法，拒绝接受平庸

提出新的与众不同的想法，并利用影响力和地位付诸行动

像投入池塘的卵石激起的涟漪一样，产生积极的影响

设定目标和未来的发展方向

取得新突破，实现绩效的阶跃变化

具有预见性并不像你想的那样普通。知道自己想要达成什么样的目标和真正拥有精力、驱动力去实现目标是有区别的，有时候我们会慢慢地、经过深思熟虑之后朝目标推进。优秀的领导者正是具备了这种特质。他们并不是仅仅依靠一种方法来达成目标。优秀的领导者是灵活的，他们能够利用反馈来重新评估进度，并从他人的言语、周遭发生的事情，以及自己对工作进程的个人感受中获得反馈用以考量风险。

▷ 上瘾者?

根据我们多年来与众多领导者共事的经验，我们发现大多数成就卓越的领导者（我们没有说每一个成就卓越的领导者，因为我们并不认识所有的领导者）之所以取得成功，是因为他们最初的动机，是摆脱他们不想要的东西；他们最初的主要动机就是“不失败”。

一些领导者小时候家境贫困，这种困窘激励了他们奋斗并走向成功；一些领导者非常热爱自己所从事的行业，这种热爱激励了他们奋斗并走向成功；一些领导者看到了父母的状况，认为“我不想成为像他们那样的人”。这种摆脱某种状况的动机（远离动机）对于我们所有人来说都是一种强大而重要的激励能量。它会触发你身上因生存恐惧而产生的“战斗反应”和“逃跑反应”的化学物质，这会产生肾上腺素来克服你的自然休息状态，督促你不断奋进，毫不懈怠。

然而，这种强烈的动机驱动也存在问题，如果肾上腺素在你体内存在太久，就会产生负面的影响，耗尽你体内的能量。你可能会身体机能紊乱，然后生病，变得无精打采、心情沮丧。不仅仅是对于领导者来说，这种状态是非常不理想的，就是对于一个正常人来说，这种状态也是非常不理想的。但我们在世界各地的游历经历中经常会发觉这种强烈动机的消极后果。

我们发现成功的领导者在某个阶段会把他们的远离动机转变为前行的动力，这是因为他们找到了自己想要追求、实现和为之奋进的目标。前进动机（the motivation of moving towards）与远离动机（push away from motivation）的关键区别在于它不是由肾上腺素驱动的，因此不会产生上述的负面影响。当你专注于长期性的目标和结果时，前进动机是一种循序渐进、持续的、必要时可随时调整的动力。前进动机比远离动机更难保持。“远离”是一种强大的、有时甚至会令你上瘾的驱动力；有些人甚至喜欢把自己包装成“上瘾者”，并把远离动机看作是一种荣誉勋章——真是令人惊讶！还有一些人表现出来在高强度、高压力的各类会议和紧急情况中忙得团团转，仿佛自己时刻都在忙着扑灭一场又一场“火灾”。约翰回忆说：“我虽然从来没有见过雷德·阿代尔①，但我确实看过他的采访。我认为，作为真正以扑灭火灾为生的人，他表现得反而非常平静。”

我想现在我们已经成功地引起了你的注意，让你放慢了自己的脚步，那么我们需要认真谈一谈。对于你们中的一些人，也许你们中的大多数人来说，这可能会有点让人震惊，所以如果你还没有坐好的话，请先坐下来，请一定这样做！作为领导者，如

① 雷德·阿代尔（Red Adair），美国著名的消防员，特殊和极度危险行业的领导者，因扑灭危险的油井大火而闻名。——译者注

果你想实现领导目标，构建你想要构建的内容，在这个世界上有所作为，那你就不能惧怕做错事情。你需要和失败成为朋友，这是培养你具有预见性和灵活性的健康心态的一部分。

▷ 和失败成为朋友

> 成功是能够热情不怠地从一个失败走向另一个失败的能力。
>
> ——温斯顿·丘吉尔

失败（failure）在英语中并不是一个令人兴奋或有趣的词。在和失败成为朋友这方面，学校制度帮不了我们的忙。因为你要么通过学校考试，要么不及格。

> 学校和监狱是仅有的时间比工作要重要得多的地方。如果我比你晚两小时到达纽约，我并没有在纽约失败。然而，如果我比你学代数要多花两个月的时间，那我的代数就不及格了。
>
> ——约翰·布拉德肖《消除束缚你的羞耻感》

你的父母可能已经告诉你，做错事情是不能被接受的，你在曾经做错事情的时候就被告知了这一点。虽然这在我们的文化之中是一种很普遍的观点，但这并不是一种良好的学习方式。因此，毫不意外，我们很多人对失败都有恐惧感。有些人只会去尝试那些他们绝对确信自己会成功的事情。他们不能被认为是有创造力的或敢于冒险的，不是吗？

重要的是，要学会如何与失败成为朋友，并消除你在经历失败时所感受到的无助感。

◆ 卡伦的例子

许多年前，我在一次重要的考试中失利。我之前付出了很多努力，希望自己能够通过这次考试。因此，我感到自己被失败彻底压垮了。我在朋友的家里泪流满面，内心充满了自我怀疑和羞愧。人们会如何嘲笑我呢？这次失败又意味着什么呢？朋友的丈夫一直听我哭诉完这一切，然后说："我很确定，你现在唯一需要考虑的事情是，这个考试对你足够重要吗？重要到你必须再一次参加这个考试吗？"当他问出这个问题，我突然停止了自我怀疑和羞愧。我从来没有思考过这个问题。朋友的丈夫是一个在面对事情的时候并不会想太多的人，他更注重实践。他的态度是："如果这种方法不起作用，我只需要决定我是否足够在乎这件事，是否需要再尝试一次。"这是一个对他非常有用的策略。

▷ 什么是失败？

失败其实只是一些没有起到作用的事情，或者是未能按你的时间计划表完成的事情。失败仅此而已。如果你的教育和生活经历（错误地）让你产生了失败是完全因你而起的并且是羞耻的感觉，你就会把失败个人化。

用正确的态度应对失败的领导者会更容易走向成功，有更多积极坚定的追随者，而且，因为他们不会因为某件事情没有成功而无精打采，所以他们会有无限的动力和精力去坚持努力直到实现自己的目标。

▷ 从失败中学习

想想看，如果失败真的没关系，你会怎么样呢？你会变得邋遢、懒惰和懈怠吗？还是你会变得更富有创造力、积极性和更坚定？有前一种想法的领导者屡见不鲜，他们属于“失败不可接受”阵营。

▷ 失败是一种选择

如果失败对于你来说不是一个选择，那么你就永远不会选择冒险，你也永远不会达成新的成就。想想你自己、你的工作和你的孩子，你真的希望自己永远不会达成新的成就吗？认为“失败不可接受”的领导者很少会做出任何与众不同的事情。他们只会去做更多相同的老套的事情，虽然有时候他们会试着去做一些看似不同的事情，但实际上他们很快就放弃了这样的尝试，而且结果不佳。然后他们又会回到固定的轨道上。这些领导者通过恐惧来激励人们（想想肾上腺素的长期影响），而不是鼓励他们变得更加专注和灵活。恐惧会制约你，你也会禁锢了你自己。

下面是一些著名的失败的例子，这些例子可以帮助你重塑自己对于失败的态度。你可能已经熟悉其中大部分的例子。请在阅读的过程中把这些例子与你自己的经历联系起来：

- 华特·迪士尼因缺乏想象力和“没有创意”而被报社开除。
- 披头士被德卡唱片公司拒绝，德卡表示，“我们不喜欢他们的声音”，“他们在演艺界没有前途”。
- 奥普拉·温弗里在从事新闻主播的时候被降职，原因是“她不适合电视节目”。
- 阿尔伯特·爱因斯坦在将近4岁的时候还不能开口说话，他的老师认为他将一事无成。
- J. K. 罗琳在正式出版图书之前遭到无数出版商的拒绝。

学会与失败成为朋友能够帮助你减少大脑中无益于成功的恐惧化学物质，并帮助你成为更具试验精神、冒险精神、积极进取精神的人。学会与失败成为朋友并不意味着你想让事情出错，而是意味着你没有给自己设定这样一个目标或任务，即总是在想着“我希望这不会出错”。——这真的毫无帮助，你真正需要思考的是你所关注的事情。学会与失败成为朋友也不会令你丧失对品质的追求，也不是放弃自己做好工作的愿望。它只是帮助你摆脱恐惧的束缚，让你不再把失败个人化。

▷ 如何与失败成为朋友

现在你相信与失败成为朋友是有好处的了吧？

为了帮助你更加适应与失败成为朋友，接下来，我们将帮助你利用这一新观点来看待一些具体的情况，看看你能从中学到什么。通过这样的练习，你会开始排解过去存在于自己身上的恐惧的化学物质，更好地调控自己的情绪。作为领导者，这会让你对自己的行为更加负责，并且帮助从远离动机转变为更具创造力、更具预见性的积极进取的动机。

▷ 个人的失败

想一想那些你认为是个人原因而造成的失败。这种失败可能包括工作项目、事业、婚姻、人际关系、买房，或其他任何事情。在你思考的时候，问自己下面这个问题，并注意你的脑海中浮现出来的答案是什么。

> 如果我把这件事看作是我生命中的一种因祸得福，那么得到的这种福分是什么呢？

如果突然浮现在你脑海中的是“不要再做这件事”，请重新尝试问自己这个问题！这表明你仍然在谴责自己。你从失败中学到的经验和得到的福分要比自我谴责更加有用。

挑选一些你认为失败的事情进行这个练习，注意这些你从失败中学到的经验中是否存在着共性。通常这种共性都是存在的。

▷ 企业中的失败

企业在对待失败上存在的问题是现在非常流行的一种“怪罪文化”(Blame Culture)。这种“怪罪文化”的表现是，一旦在工作中出了什么差错，首要任务是要找到替罪羊，特别是在那些声称“我们没有怪罪文化”的企业中。越是这样说的企业越是存在着“怪罪文化”。事实上，失败很少仅仅是由某一个原因或某一个人而引起的，反而通常是因为许多相互关联的因素而导致的，如果你能通过学习这些因素获得经验教训，这样才可以真正帮助你推动自己的事业向前发展。然而，很少有企业花费时间来向失败学习从而获得经验教训，而那些这样做了的企业都成了各自领域的优秀典范。

▷ 深究到底

请你想一想那些没有奏效的事情：一个失败的项目、一个错过的重要期限，或者你认为你本应该拿下最终却没能够拿下的合同。

你可以利用下述的步骤来帮助你从失败中学习经验教训，把这些经验教训作为反馈，避免陷于责备游戏之中。

◆ 步骤

尽可能把与这次失败有关的主要参与者聚集在一个房间里，最好是一个没有灯光的燥热的房间，让他们坐在非常不舒服的椅子上，并把聚光灯照射在他们身上……好吧，我只是在开玩笑！把他们聚集在一起，确定本次会议的目的是弄明白为什么事情没有像大家所希望的那样发展，这种失败究竟是如何产生的。利用活动挂图板或展示板，请参与者大声说出他们所知道的本次失败的全部因素。

> 把自己的角色定位为调解人，要避免任何人责怪他人，保持客观，关注点要放在出了什么问题上，而不是谁出了错。

在寻找原因时，“制度与市场之间未能进行良性的互通”比“制度没有告诉我们发生了什么事”更有帮助。

一旦你掌握了所有与这次失败有关的因素，并且在所有人的帮助下把这次会议的主题与失败原因之间相互渗透的属性联系起来，你会发现失败其实是由于许多相关的因素在共同起作用（并且总是这样的）。一旦确定了会议主题，询问参会者：“这是关于什么的失败？是关于关系、制度、流程等吗？”当你带着探究精神参与整个会议过程时，你会发现很多与这次失败有关的、真实发生的事情。然后你就可以决定采取什么行动，而不是由谁来承担责任。这样做会确保你及时解决问题而不是等到同类问题再次出现时才解决。

▷ 灵活性

当你和失败成为朋友的时候，你会变得更加专注，这种专注能够帮助你朝着你想成为的领导者的方向努力。

> 精神错乱指的是，一遍又一遍地做同一件事，期望有不同的结果。

领导力发展的另一个要素是灵活性。

没有一条正确的道路是可以通向所有的成功的。对于达成某件事情来说，很少有一个最好的方法，通常有很多同样好的方法。优秀的领导者能够理解这种复杂的思维。问题在于每个人对我们认为有效的方式有不同的看法。如果你已经投入了你全部的脑力和精力去决定哪种方式是有效的（前提是你的决定是正确的），那么你无须再要求自己接受另外一种方式。优秀的领导者有能力保持一种复杂的平衡，那就是，既对某事保持自己清晰的看法，又能让自己的头脑和耳朵处于时刻开放与倾听的状态，为自己留有选择的余地。

在我们的研究过程中，许多领导者强调具备灵活性是成功的关键之一。这不是出于灵活性目的而进行的变通，这样做是

来自我们的领导力研究

摘自对下述问题的回答：

“你认为成功的关键是什么？”

让团队参与决策——可能他们并不总是同意你做事的方式

要明白他人也会想出好主意

拥有根据具体情况行事的灵活性，我能很快适应不同的情况并不会有太多的不适

当前进的车轮摇摆不定时，回归基本原则

能够接受想法的改变，能够向他人道歉

根据项目的进展和新情况的出现，我能够灵活地改变计划

毫无意义的。面临太多不同选择的人可能会变得不知所措，最终决定不做任何事情。因此，作为一个领导者的关键是在你的脑海中确定一条首选道路，同时在脑海中保留其他潜在可用的方法，以备你通过反馈获知先前选用的方法不起作用时还能有备用方案加以利用。

这样做会从两个方面对你的思考起到帮助。它给你提供方向和目标，并且帮助你保持信心，如果一种方法不可行，你还有其他方法可以尝试。

“承认你取得的结果，但不要过于关注它。”

你大概已经意识到了，具备灵活性与我们如何接受和处理反馈以及如何考虑风险有关，这就是为什么我们要把灵活性放在利用反馈和在深思熟虑后承担风险之后进行讨论的原因。如果你没有能力恰当地处理反馈或考量风险性，你就不会真正地具备灵活性。作为一位领导者，如果你不具备灵活性，你就会发现自己一直被禁锢在一条道路上，或者是在“要么听我的，要么就消失”的想法中固执己见。

培养灵活性就像培养其他所有的技能和实现个人发展一样，实践是必不可少的。下面是一个练习，我们建议你经常进行这一练习，来培养你灵活思考的能力。

▷ 培养灵活思考的能力

1. 想一想你想要达到的目标或想要拥有的成就。

2. 写下你达到目标的初步计划。这将是你现在的首选方式。

3. 然后想出至少三种其他可能达到该目标的方法。如果你发现这很难，可以向他人咨询。他们会提供让你惊讶的方法。记住，你还没有决定要照这其中的哪一种方法去做，你只是在为自己准备备用选项。

4. 当你有了四个选择时，从中选出你的首选方式，并把其他方式记在脑海里作为备用选项。如果你愿意，可以把这些方法都写下来。

你的大脑喜欢做选择，经常发生的情况是，如果你首先选择的方式不能很好地帮助你达成自己的计划，那么其他的选择就会出现在你的脑海里，有时候甚至为了适应形势你还需要做出一些调整。

经常按照这种方法进行练习，它就会成为你的个人习惯。

▷ 结论

随着你加深对于情绪规律的本质的了解，你就能够在深思熟虑之后承担适当的风险，当你把这种承担风险的能力与自己接纳反馈的技巧结合起来，你就奠定了良好的基础来进行自我提升，从而成为一位有自己风格的领导者。

奠定了这样的基础之后，你还需要选择好自己的努力方向。我们之前探讨了动机，包括动机是什么，以及动机如何影响你的领导风格和获得成功的能力。在某种意义上，不管你的逃离动机来自何处，它都必须被转化为前进的动机。这不仅对你的身心健康有益，还是一种确保你自己和他人成功地走向你的既定目标的可靠方法，特别是当你能够将这种前进动机与灵活变通能力结合在一起时。

现在，最后一件你需要思考的事情是：你与失败的友谊进展如何？刚刚成为朋友，还是已经是最好的朋友了？无论你进展如何，继续努力，按我们建议的练习进行实践，这些练习可以帮助你成为我们列出来的、激励你的那些从失败走向成功的名人中的一位。我们希望你也能成为“著名的失败者”。

第八章
言行一致

我不知道做真实的自己可以让我变得这么富有，如果我知道的话，在更早以前我就会这样做了。

——奥普拉·温弗里

优秀的领导者是值得信赖、言行一致的。当你与他们在一起时，你知道自己身在何方。他们表述清晰。即使你并不喜欢他们，也愿意跟随他们，和他们一起工作。这些领导者是伟大的，因为他们是真实可靠的。他们做他们说过的，说他们能做的。

真实可靠是最难培养的领导者特质之一，因为它不能作为一种技能来进行学习。它只能在你自己实现个人发展的过程中进行培养。它与独一无二的你自己有关。没错，你自己！

我们知道，你花了好长时间塑造了自己的完美形象，或是社交活跃分子的形象，或者是不感情用事的那种“没有什么事情能让我生气”的形象，或者是其他符合你自身实际情况的形象。之后，你花费了很多日常精力来维持这个形象，以免任何人看穿真实的你或者发现你身上那些不完美的地方。

但是，人们想看到的是真实的你。只有做真实的你才能成为真正的领导者；只有做真实的你才能够激励他人；只有做真实的你才能够走向成功，才能够长期保持健康。

我们都会在生活中树立自己正面的形象，包括在与他人初次见面的时候、出席会议的时候或者是想给对方留下深刻印象的时候——旧的针织套衫和油腻的头发可不会在初次见面的时候给他人留下好印象，不过以后熟悉起来你倒是可以这么做！问题不在于你创造了一个新的形象；问题在于当你创造了一个与你真实形象相去甚远的形象时，你必须花费更多的时间和精力来维护这个形象。

当一个人没有真实地表现自己的时候，我们大多数人都能够有所察觉，即使我们不知道那个人真实的形象是什么样的。你可能曾经有过在酒吧听到那些领导者、推销员或者道德败坏的家伙说着或是做着看似正确的事情的经历，然而，出于某种原因，你并没有买他们的账。

真正的领导者不会伪装自己的形象。他们就做真实的自己，他们真的对自己真实的形象感到满意。

▷ 保持一致的领导者

在我们的研究中，领导者最令人钦佩的品质是保持一致、诚实和正直。这些特质都表明领导者是值得信赖的，他们做他们说过的，说他们能做的。

来自我们的领导力研究

摘自对下述问题的回答：

“你欣赏他人身上的哪些品质？”

具备倾听和学习的能力，偶尔手托下巴沉思，然后带着更多的知识、理解和热情继续向目标前进

对自己和他人友善

勇敢正直的人

给我带来正能量的人

值得信赖的

保持一致

我可以依靠他们

诚实、正直、坚毅、沟通能力良好以及直面问题

谦逊，对错误负责任，并能接纳反馈的人

保持一致并不是说每天都遵循同样的流程，也并不是说有一种标准的做事方式。保持一致跟他人理解你的能力以及推测你的反应和行为的能力有关。

终结谬论——以身作则

对于以身作则来说，更重要的是你的态度和能力要始终如一，值得他人信任，行为正直，而不是始终表现出同样

一种行为，因为你的目的是希望别人来模仿它或者是向人们证明你能够做到。

如果你能够保持一致，当他人和你共事时，无论处于何种境遇，他们都会有安全感。当他们在你身边感到安全的时候，他们的情绪是稳定的，因此更容易表现出真实的自己，这样他们就能够更大限度地发挥自己的才能。

言行一致是无意识而非有意识的，这也是它难以假装的原因。如果你做真实的自己并依本能行事，你将能一直保持一致。你就不需要"计算"每一个互动或每一步行动来确保自己说和做对的事。

卡伦曾经和一位非常优秀的、言行一致的领导者共事过。当你和他一起工作时，你对他的态度、价值观和信仰会有一个清晰的认识，因为不管具体情况如何，他总是始终如一。卡伦是他的副手，在仅与他共同出席过几次会议以及跟随他几周之后，卡伦就能够自信地全权代表他参加会议。这是因为通过与这位领导者的相处，卡伦本能地知道他对某种想法会产生什么样的意见，他对某些决定会采取什么样的态度，以及他会提出什么样的反对意见。因此，她只需要随时扩充少量的相关信息，就能够自信地代表这位领导者推进项目，从而胜任自己作为副手的工作。

对于你来说，成为一个始终如一的领导者的好处是，你的生活变得容易多了——假设你希望自己的生活变得容易一些。人们了解你，知道什么对你来说是重要的——不是因为你这样说了，而是因为你一次又一次地用行动证明了这一点。这就是始终如一的内涵，它与你一贯做的事情有关，而不仅仅是你说了什么。

▷ 以身作则

我们对于“以身作则”的定义可能与有些人不同，关于这一点，卡伦回忆起自己攻读工商管理硕士时的一个例子，她说：“如果你希望人们准时上班，你自己必须准时上班。”是的，我们现在知道，以身作则是一种领导方式，而不是出于希望别人模仿你而一直使用一套行为。如果你为了以身作则而刻意表现出一定的行为，人们会察觉到这种行为并不是真实的，你并不是真正保持一致的，因为那不是你真实的样子。

我们曾经共事的一位领导者通过自己的早到晚走来证明自己对员工的承诺和展示纪律性，他希望他的员工也能像他这样做。问题是他其实真的不想这样早到晚走；他更想早上送儿子去学校，下班准时回家和家人一起吃顿丰盛的晚餐。因为他非常厌恶早到晚走，于是他会偶尔在白天逃离办公室，花很长的时间吃午饭，在工作时间去健身房。他并没有告诉他的员工这些事，但后来他发现他的许多员工也在像他这样做：早到晚走，但工作时间却以各种原因溜走了。你简直无法想象他们在正常的工作时间多少次借口预约了医生！

▷ 员工们模仿你所做的而不是你所说的！

员工们总是模仿你实际做的事情，而不是你所说的事情。如果你在工作时间突然溜去逛商店，你就是在告诉他们这样做是可以被接受的。如果你对上级恭敬，但对下属大喊大叫，员工们也会模仿你这样去做。你无法约束别人的那些不可接受的行为，如果你自己的行为也是这样的。

▷ 表现不一致的领导者

表现不一致的领导者——我相信你一定见过这样的领导者。有时候他们对掌控大局感兴趣，有时候他们又会沉迷于细节；有时候他们表现很和蔼，支持员工，有时候他们对待员工又很苛刻；有时候他们希望自己掌控你每一步的计划，有时他们又会放手让你自己去做事。

对于这样的领导者，你无法得知会在某一天看到他的哪一面。是的，每个人都会有心情好或者心情糟糕的一天，如果你是表现一致的领导者，人们会通过你的行为了解到："哦，这可能是他心情糟糕的一天，我们可以猜到今天会发生什么。"表现不一致带来的不可预测性会使你身边的人处于游离状态，而且你很可能会刺激他们身上"战斗反应、逃跑反应、木僵反应"的化学物质。

终结谬论——让员工们猜

通过总是让员工们猜测自己的想法，这些表现不一致的领导者希望员工们积极主动，尽力做到最好。然而，这类领导者实际上是做了相反的事情，他们这样做是出于自己控制的需要。

一些(不是很优秀的)领导者故意表现不一致是因为——他们希望让员工处于紧张不安之中。他们喜欢让人像无头苍蝇那样四处乱飞。就这件事而论,这些领导者没有良好的、成功的、健康的情绪调控能力。他们对控制和权力的需求是不合理的,也不符合企业或家庭的要求或目标。这从来不是一种有效的领导方式。

如果你是一个有抱负的优秀领导者,你也有可能意识不到自己的不一致行为,而且你做出这种不一致的行为可能是因为有人要求你这样做或者是有人触发了你的恐惧心理。例如,作为一个领导者,你可能拿到两个客户的项目,一位客户是你熟悉的,让你感到放松的人,另外一位客户是你并不了解的人,你仅仅听说过他的一些人生经历,但你真的想给他留下好的影响。如果你没有保持自己行为一致的方法,那么在这两个项目中,你可能会表现得完全不同。

保持行为一致的艺术贯穿在你提升自己的情绪调控能力的过程中(是的,我们再一次提到了情绪调控能力),这样你的情绪就不会像一个苛求的老板那样驱使你。你还需要努力发展自己的真实风格,而不是总是在适应他人的想法。

▷ 诚实坦率

坦诚不仅仅代表不说谎。坦诚是指通过你的言语、思想和行动来表达相同的信息。坦诚的领导者可以清楚地表达自己的观点而不冒犯到他人,这有助于人们了解你的立场。坦诚也会增强你的可信度。

终结谬论——坦诚

说一些伤害别人的话，然后附上一句“我只是坦诚罢了”，实际上就是霸凌行为。总会有办法能够在不践踏别人尊严的前提下去传达最强硬的信息。

在我们的领导力培训中，如果一位领导者告诉我们，他们希望员工对他们更坦诚一些，那么我们会建议他们首先要做到对自己的员工坦诚。如果你不对他们坦诚，那么员工们也不会对你坦诚。作为领导者，在坦诚这件事上首先伸出橄榄枝是你的责任。并不是每一位领导者都能理解这一点。仅仅说自己希望员工对自己坦诚而不采取任何行动的话，不要期望你的员工对你坦诚。

如果你过于在意他人的意见，过于保护自己的声誉，或者参加任何形式的精彩的公司“政治”游戏，那么你都不是在表现自己的坦诚。任何时候你为了避免陷入麻烦而推卸责任给某人或某事，你都不是在表现自己的坦诚。

这就是人们经常谈论坦诚但总是做得不好的原因。这是一件“说起来容易做起来难”的事情。你可能有着待人坦诚的良好愿望，但你自己的自我保护本能会很强烈——而且是自动的。

这就像是我们和孩子之间的一种很典型的交流。当你看到一个孩子在打另一个孩子的时候，你询问他：“发生了什么事？”你得到的回答是：“是他先打我的。”这是一种自卫的本能。作为成年人的我们在这一点上并没有表现出什么不同，我们只是用更丰富的词汇、更长的词句以及一连串的电子邮件来表达“这件事情是由对方引发的”。

坦诚也并不是残忍无情地对待他人。你完全可以在不伤害他人自尊心的前提下反对其观点。任何在对他人说了一些不恰当的、伤害他人的话之后，然后解释说“我只是在坦诚地表达自己”的人，其实就是在实施霸凌行为。我们总有办法在不践踏别人尊严的前提下清晰地传达最强硬的信息。当有人在说“我只是说说而已”这句话之前，他们其实已经表达了自己的观点，他们在说出这句话的时候遗漏了最后的关键词“为了我自己”。

一个坦诚的领导者会说他们不同意你的观点，但他们表达不同意的时候不会攻击你个人。他们也会清楚明确地表达是否喜欢一个决定，是否仍然打算执行这个决定，如果是，原因是什么，如果不是，原因又是什么。一个坦诚的领导者会为自己的错误负责。

一个不坦诚的领导者则会在会议上做出种种矛盾的行为，一方面，他们告诉他们的团队成员他们希望团队承担更多的责任和建立主人翁意识，另一方面又对所有的事情进行微观管理；他们一方面会告诉团队成员，尊重对他们来说非常重要，另一方面又当众羞辱团队中的某个人；他们一方面会告诉团队成员，他们只会制定战略方向，细节由团队成员自己把控，另一方面又用对项目细节的数百条建议来控制团队成员。

注意我们不是说他们发自内心地不坦诚。实际上大多数人都没有意识到自己在说谎。领导者经常认为做这样的事情是可以接受的，这都是作为领导者的一部分。他们可能没有意识到他们的言行不一致，而这损害了他们的信誉。

有些时候，虽然我们没有坦诚地表达自己，但我们有着正面的意图。我们的一个客户在谈论一个即将到来的周末露营旅行时，实际上她的内心中并不想去，但她没有告诉她的丈夫她不想去，反而是在考虑保持沉默，因为她不希望她的孩子不喜欢露营。我们建议她，孩子们会自行决定他们是否喜欢露营，而不是受她的观点的影响。于是她意识到，当她坦诚地表达自己的愿望时，她其实在向孩子们表达他们可以像她一样公开地表达自己真实的观点，这实际上与她想不想去露营无关。

你的员工、同事和孩子会模仿你所做的事情，而不是你所说的事情。所以，如果你希望他们对你坦诚，你也应该对他们坦诚。当然，你可以尝试像约翰的妈妈一样说（我们怀疑大部分的父母都会这样说）："不要照我做的去做，照我说的去做！"

变得坦诚就是要减少自己的防范心理，减少对给他人留下深刻印象或控制局势的关注，这样你就会感觉良好，坦诚也意味着对被质疑或是错误持开放态度！我们又回到了之前谈论过的与失败的关系上；与失败成为朋友将有助于你变得更加坦诚，因为你不会像以前那样对失败感到害怕。

▷ 正直

正直就是坚持按照自己的原则生活。正直是指在做某事之前对潜在结果进行思考。

正直不是指刻意去做一些自以为了不得的事情，或者刻意去做一些让别人觉得你很好的事情。

终结谬论——正直

正直的领导者并不是总要做出自以为了不得的决定，他们做出的决定是他们已经准备好信守的。

词典上关于正直(integrity)的定义：

1. 坚持道德伦理方面的原则；品德健全；诚实。

2. 完整的、全部的，或未减少的状态；维护事物的完整性。

看看这个定义，有几个有趣的概念值得我们深入探讨。首先是人们的道德和伦理原则。

我们每个人都有自己在道德伦理方面的原则，它们因人而异。有些人的原则可能是每个人都需要被公平对待，而也有些人可能会接受世界的不公平，有时人们必须要做出一些决定，否则就会因此而失败。谁对谁错呢？这些都是同样正当的道德伦理方面的原则的例子。没有绝对完美的原则，虽然如果你强烈地相信自己的原则，你可能会相信有完美的原则，当然是你自己的原则。

这就是为什么正直难以被衡量。一种行为可能会被一部分人看作是正直的，却被另一部分人看作是鲁莽的、幼稚的或轻率的。人们不会就生活中的道德伦理原则达成一种共识。尽管无数的宗教试图建立这样一种原则，但这些宗教的追随者们仍然对这种原则有着各自不同的解读。对你作为领导者有益的是确定你自己的原则。

第二个重点是，在正直的定义中，第一个词是“坚持”(adherence)。这也是很值得我们注意的，因为正直不仅意味着要建立自己的道德伦理原则，也意味着你要在生活中坚持这样的原则。我们都能在餐桌上自以为是地谈话，主持世界正义，但我们愿意采取行动去坚持我们的原则吗？请坚持你的原则，即使这样做可能会让你不那么受欢迎，或者让你看起来是失败或软弱的。

◆ 约翰的例子

我曾经在一家公司担任财务主管。收入良好，我也知道自己能够在这一岗位上有所作为，但随着生意的开展，我意识到董事会的一些人的行为既于公司无益，也并不是在帮助老板。我觉得老板被一帮自私自利的人操纵着，对此感到很不自在。起初，我尽力帮助老板推进业务，并提出了一些不同的见解，直到老板明摆着不同意我的观点、仍沉迷于原来的投资方法时，我才决定离开公司。这不是一个从众的决定，给我造成了许多短期的损失，其他人对我的评价并不好，但我仍然决定坚持自己的原则，如果我只是服从命令，然后拿走他们付给我的报酬，我本可以更容易留在这家公司。

坚持自己的原则并非总是容易的。在短期内，你可能需要付出巨大的代价。如果你选择站在被霸凌的员工一面为其说话，你可能会因为在组织中制造麻烦而变得不受欢迎。但是如果你不这样做呢？那么你就基本上传达了你同意霸凌行为的信息。

如果你同时也是孩子的父母，坚持自己的原则会特别困难。作为家庭的领导者，你会把教养孩子的道德和伦理原则放在心上。如果你坚持非暴力行为，那么试想一下，如果有一天你的儿子从学校回到家，骄傲地对你说，今天有一个孩子对他很坏，所以他打了对方，还把对方打倒了，你会怎么处理这件事？这显然违背了你的原则，然而，孩子相信自己的行为是积极正面的，因为你也总是教育他要保护自己。

这些都是我们在生活中每天都可能会需要应对的道德困境。作为培训师和治疗专家的主管，卡伦与她的员工们花了大量的时间去解决复杂的伦理困境。保密在这一领域是非常重要的。但是如果有人揭露了虐待行为呢？如果一个培训师的雇主"只是想要知道一些"在培训室里发生的事情，或者客户的合伙人要求我们关注他们在家的行为，我们该怎么做呢？真实生活中的这些问题正在考验着我们的正直。

▷ 你自己的道德准则是什么？

首先，要明确自己的道德准则。然后，你就可以确定如何诚实地坚守自己的道德准则。

为了帮助你建立自己的原则并清晰地理解自己的原则，首先请你回答以下的问题（找一个你信任的人来向你提问是很有帮助的，这样你就可以自由思考了）：

1. 如果用不超过三句话表述你的人生目标，会是什么呢？

2. 你准备公开地表达什么样的态度？

3. 你为什么要为此挺身而出？这对你来说意味着什么？

4. 你在生活、工作和家庭中的信念是什么？

5. 在什么情境中你的行为支持了你的这些信念？

6. 在什么情境中你的行为没有支持你的这些信念？

7. 对于你自己、世界和其他人或事，你拥有什么你本不想要有的信念？

8. 什么阻碍了你保持行为一致？

9. 你什么时候发现自己不坦诚？

一旦你回答了上述所有这些问题——当然要诚实地回答——从中选取两到三个你能够开始采取的行动来帮助你达成言行一致。通过练习，你会发现你每天的感受和别人对你的反应将有很大的变化。随着坚持练习，言行一致将会变得越来越容易达成，积极的结果也会鼓励你坚持下去。

▷ 结论

现在你会有一种感觉，那就是所有这些领导者的特征都是相互关联的。为了证明你值得信任，你需要做到正直、坦诚和始终如一。你可能也会产生一种想法，那就是在任何时间、任何地点做到所有的这些特质所要求的是很难的。对于每一个人来说，的确是这样的。

通过练习、注重反馈和情绪调控，你可以拥有这些特质，从而被你的追随者视为值得信赖的人。

建立自己的道德准则，并且做到诚实如一，你周围的人和你的下属就会受到你潜移默化的影响。有信任存在的地方，生活会变得更容易、更充实，这对于每一个人都是有益的。但这同时也有风险：你必须脱颖而出，站出来，做你自己。

这就是大多数人并不能很容易就培养所有这些特质的原因。培养这些特质需要个人发展和情绪调控能力作为保证。在这一点上没有捷径，也不能快速成功。而且，当你成为一位真正的领导者，你的本真自我、你在他人眼中的形象和真实的你自己是紧密相连的。这样，你会大大减少维护假象所耗费的精力，也会发现相当多的生活乐趣。

虽然言行一致并不总是容易的，但我们还没有遇到一个对努力做到这一点而感到后悔的领导者。

第九章
与他人建立真正的关系

事实上，我永远都不会知道所有关于你的事情，正如你永远都不会知道所有关于我的事情一样。人类天性复杂，难以被理解。所以，我们只能选择怀疑我们的人类同胞，或者带着开放的心态、一点点乐观主义以及大量的坦率去接近他们。

——汤姆·汉克斯

▷ 在人际交往中变得真实

在第四章中，我们专门讨论了作为领导者应该如何处理问题行为。在这一章中，我们将关注如何建立关系，而不仅仅是处理和解决问题。为什么建立关系很重要呢？这是因为，如果做领导者是你的工作，那么你可能会花更多的时间与你的同事相处，甚至超过了和你的伴侣相处的时间。不要被我们在无数光鲜亮丽的圣诞广告中所看到的那些温馨的家庭生活所蒙蔽，现实的家庭生活常常一地鸡毛，家庭有时候也并不是让人感到愉快的港湾，甚至我们所拥有的亲密关系也不像我们在电影中看到的那样。正如你从上面的引言中看到的那样，甚至连汤姆·汉克斯都不相信自己饰演的角色。

与他人建立真正关系的能力是任何优秀领导者都拥有的关键特征之一。我们所说的与他人建立真正关系的人不是指那些阿谀奉承、对所有人都很展示友好的老好人，甚至不是那些对所有人都表示喜欢的人。我们所要探讨的是与他人相处的方式，即尊重彼此，让真正的人际关系帮助你朝着自己的目标前进。

终结谬论——完美

没有人是完美的。不要期望自己或他人的完美，你永远找不到这种完美。

所以，如果正在阅读本书的你认为自己建立的所有的人际关系都是完美的，并且为了成为一位优秀的领导者，你并不需要改善或发展自己的人际关系，那么你可能并没有完全了解自己！

来自我们的领导力研究

摘自对下述问题的回答：

“作为领导者，对你来说什么是重要的？什么是你的动力？”

看到他人的成就与发展
团队内良好的士气
看到人们情绪高涨
成功的团队
帮助他人发挥他们的潜能
尊重
与我的员工和同事们建立良好的关系
公平
团队合作
看到他人的成长和发展

在我们的领导力研究中，参与者们认为领导力的关系层面非常重要，并且对于他们来说人际关系是非常关键的驱动力。

这一研究结果是不出所料的，也是鼓舞人心的；如果没有人追随你，你就不会成为一位领导者，更不会成为一位优秀的领导者。我们研究中的领导者一般都非常注重自己的人际关系，他们所面临的许多关键性问题和挑战也都与人有关。他们喜欢的工作也多是以人为中心的。许多的研究参与者都把与他们职位有关的人际交往能力列举为其自身可发展的领域。

来自我们的领导力研究

摘自对下述问题的回答：
“你目前主要的自我发展领域是什么？”

挑战那些具有挑战性的人

进一步培养敢于挑战的勇气

对自己在工作中的成就和能力更加自信

耐心

成为一个更全面的人

能够更自由地表达情感

说话前先思考！我总是过于坦率地表达自己的观点，不善于考虑听众的感情

了解员工中存在的问题

平易近人

尽量不亲自揽事

优秀的领导者知道没有人能够真正地处理好所有的人际关系，因此，他们会致力于与所处职位相关的人际关系。随着我们自身和世界的发展变化，我们的人际关系的质量会变得越来越重要。

真正的关系意味着双方之间达成一种心理上的契约。这种契约是关于你在对方生命中的角色，以及对方在你生命中的角色。有的时候这两种角色是显而易见的，有的时候则不然。当你去看医生时，你和医生之间的契约关系与你的健康有关——他尽到自己作为医生角色的职责，你做你作为病人角色该做的事。这就是许多人觉得社交晚宴有点可笑的原因。社交晚宴不仅没有提供建立真正的互帮互助、互惠互利的关系的机会，反而成了一场塞商务名片的比赛，晚宴之后，这些参加晚宴的人往往会收到许多他们并不想收到的垃圾推销邮件。现在，

优秀的人际网络构建者已经把握了在人际网络构建中培养真正的关系的理念，这种理念会产生真实有益的结果。

你可能已经注意到了，在本书的大部分内容中，建立真正的关系的概念一直是一个关键的组成部分，并且贯穿了大多数的章节。在本章中，我们将特别关注人际关系中的责任分配，你应该如何承担自己在人际关系中的责任，以及如何建立属于自己的、真实的人际交往的风格，当你能够做到这一切的时候，无论你在何种环境中做领导者，你都会发现自己的人际关系变得更加顺畅，更容易维护，也更让你乐在其中。

▷ 人际关系中的责任

请你对下面这段话进行思考：

> 在我们所有的人际关系中，我们对这些关系负一半的责任，而对于这一半的责任来说我们又是负全责的。人际关系中的每一个人都是平等的，没有人应该比其他人承担更多或更少的责任。

我们知道，上述观点可能是过于理想化了。我们的建议是，如果你想成为一位优秀的领导者，并希望人们追随你，那么，发展和维持良好的关系会让你更容易实现自己的目标。如果你仍然感到这个观点有点难以理解，请继续读下去，你会发现随着你阅读的深入，这一观点会变得更加清晰。请记住，我们在这里所说的“责任”并不是指技能或是智力水平。对于某项特定的任务来说，每个人的能力表现都是不均等的。在这里，我们所谈论的是一段关系的双方如何看待彼此的问题。换句话说，你做人很好和你的能力水平是完全不同的两件事。

人际关系的一方应该对这段关系承担一半的责任，另一方应该承担另外一半的责任，这听起来好像很公平，不是吗？现在问问你自己："我相信人际关系的责任应该这样划分吗？"如果你相信这种责任的划分，你相信自己会去这样做吗？这种责任的划分听起来像是一个很简单的陈述句，它也确实是。但当你开始把这种责任的划分应用到实际情况中去时，你就会发现其复杂性。让我们更详细地看看这一点。

▷ 承担超出一半的责任

有些人对他们所处的人际关系承担了超出一半的责任。他们会忽视关系的另一方对于这段关系所负的责任。你可能听到他们在说："如果我不在，他们（关系的另一方）就不知道该怎么办了"，或者"没有我，他们就无法应付这种情况了"。他们总是认为自己比对方的能力更强。

▷ 承担少于一半的责任

有些人对他们所处的人际关系承担了少于一半的责任。他们会回避自己在这段关系中被赋予的权力，并把这种权力交给对方。你可能听到他们在说："他们（关系的另一方）知道怎样做是最好的"，或者"反正我从来也没能把事情做好"。他们总是认为自己比对方的能力更差。

▷ 控制和问责

下面，让我们从控制和问责的角度来看一看人际关系。如果你指望关系的另一方读懂你的想法或是与你达成意见一致，那么你就不是在承担你应该承担的一半责任，而是把更多的责任推给对方去承担。另一方面，如果你认为关系的另一方会搞砸或是忘记事情，你就是在承担对方本应承担的一半责任，因为你认为对方比你的能力要差，没有你的操控，他们就不能完成事情。

现在你可能会认为："没错，是这样的，上述观点确实在一定程度上有它的道理，但是，如果我作为孩子的父母，或者说是处于权威地位的领导者，上述观点还适用吗？如果我认为自己的孩子或员工会搞砸或是忘记事情，那么我就是在承担超出自己所应该承担的一半责任吗？"

实际上并不是，在这里我们所探讨的是关系双方对于关系的责任，而不是双方在这段关系中需要承担的任务或是工作。

▷ 父母与孩子

作为孩子的父母，你有义务抚养你的孩子长大，保证他们的安全，尽你所能帮助他们树立自尊。作为孩子，他们也有义务成长，并且学习如何在这个世界上生活。父母与孩子的义务是在孩子出生时被生物学意义上的亲子关系所决定的。所以父母有自己需要扮演的角色，孩子也有自己需要扮演的角色——双方都有自己对于这段关系所应该承担的一半责任。

让我们从下面的例子来理解这一点：

想象一下，现在你正在陪着你的孩子们玩耍，你们一起坐在地板上，你让他们来引导游戏，让他们来告诉你需要寻找什么形状的乐高零件，并用这些零件来搭建什么，从而帮助他们完成游戏，又或者是，让他们来告诉你画什么，在他们需要的时候帮助他们去寻求帮助，或者只是简单地陪着他们。在上述的这些情况下，你可能都是在承担你作为父母在这段亲子关系中所应该承担的一半责任。

想象一下，现在你趴在地板上代替你的孩子们搭乐高，或者在他们的画纸上涂色。在这样的情况下，你可能就在这段亲子关系中承担了超出一半的责任。我们明白你相信自己正在指导孩子们正确做事的方法，但是儿童天生就有探索和发现的本能，他们有能力自行组合事物，也能够在你的帮助下，用他们自己的方式作画，你应该赋予他们这样探索的权力，而不是向他们展示如何用你的方式完成这些事情。

通过这两个例子，你是否体会到了这其中的复杂和微妙了？

▷ 权威地位的领导者

如果你是一个企业的领导者，和你共事的其他员工都是成年人，你可能会对工作的成果或者项目负有更多的责任，但是对于你们的上下级关系而言，你们都应该承担自己的一半责任。那么，你有没有一直跟随着自己的团队跑来跑去，规定无休止的流程来保持自己对员工的监控，在众多的讨论中斡旋以防止出现问题呢？如果你这样做了，不管你是出于何种原因认为自己必须这样做，你都通过削弱了员工应该承担的责任而承担了超出自己那一半的责任。反之，你有没有要求你的员工辞职谢罪，为了让员工们学到“惨痛教训”而撤回支援，或者让那些推崇“民主”的团队代替你去做关键性的领导决策？如果你这样做了，你就是在通过拒绝承担自己那一半的责任来推卸你作为领导者的责任。

这些细微的差别可以改变或者摧毁一个团队。

我们知道，承担自己的一半责任并不容易。我们之所以把这一部分内容放在倒数第二章去探讨正是因为它很重要。大部分人觉得做到这一点很困难，因为他们在自己的成长经历和生活经历中没有获得对于责任划分的认知，例如，他们从自己的家庭中得到的对权力和控制的认知是不均等的。这种认知不均等可能是强加于你的。好消息是，你现在仍然能够改变自己现有的认知，并且与他人建立真正的关系，在这种真正的关系中，每个人都有自己需要承担的责任以及适当的权力。

如果你此刻正在因为自己是个糟糕的父母或领导者而自责，请不要这样做，这是毫无意义的。我们曾经尝试这样做，然后发现它是毫无价值的。回顾第六章的内容，你需要提醒自己，改变的第一步是意识到存在这样的问题，当你把自己意识到的问题作为对自己的反馈，如果这其中存在你想要改变的行为，那么下一步你就可以把这些行为找出来。

▷ 建立真正的人际关系

想要让你所处的人际关系更多地焕发生机？那么请想一想你所建立的那些重要的关系。你是否在其中承担了多于或少于一半的责任？我们并不追求精确的统计学答案，你只需要有一种大概的感觉。你处于责任天平的哪一端？你可能会发现在你的人际关系中的责任分配有一种固定的模式。一旦你在人际关系中建立了这种固定的模式，你会发现，无论这种关系是建立在工作中、家庭中还是在社会交往中，你所处关系的另一方也会遵循这一模式。因为我们会很自然地在生活中吸引我们需要的人，你会发现无论你选择做什么事情，你的员工们或是生活伴侣会相应地做剩下的事情。因此，如果你承担了人际关系中超过一半的责任，你会发现关系的另一方相应地承担了少于一半的责任。这就是人际关系中的责任分配的原理，对于大多数人来说，除非他们去关注这种责任分配，否则他们很难认识到这一点。

那么，当你意识到人际关系中责任分配的问题，你又该如何平衡这种责任分配呢？要想既不推卸自己应该承担的责任，又不侵犯他人的权力，你应该坚定自信而不咄咄逼人，帮助他人而不拯救他们，可以展现脆弱但不做受害者。

▷ 坚定自信而不是咄咄逼人

当有人对他人做出攻击性行为时，其实他正在试图比对方“多承担一些责任”。这出自一种“进攻是最好的防御方式”的态度。当有人要求对方回到他们在关系中的位置上（即关系中的低位）时，他们的行为是富于攻击性的。我们在第四章探讨霸凌行为时也谈到了这一点。霸凌行为是攻击行为的一种极端形式。大多数人采取攻击性行为是因为他们缺乏良好的情绪调控能力，也没有建立自信。因此，他们笨拙地尝试，想要变得自信，但却表现为攻击性行为。攻击性行为有点像孩子或少年发脾气；在多数情况下，当人们这样做时，他们其实也是在发泄情绪。他们在意识中重返2岁或15岁，他们的举止也随之表现为幼年的孩童或脾气暴躁的少年。你曾经在会议中见过多少次所谓的成年人突然大发脾气？或者，我们斗胆问一句，你自己又在会议中发过多少次脾气（我们理解这些行为可能都有合理的原因）并在会议结束后思考："我究竟为什么要发脾气？"我们经常在培训室和会议室发现这种情况；看着一个成年人表现得像一个不懂事的孩子，并试图用大道理和逻辑来证明自己发脾气情有可原，这是很有意思的。我们从来没见过比这更有趣的事情！

问题在于，这类攻击性行为有时候会吓到其他人，而他们出于恐惧做出的某种反应，又会让你错误地认为这类攻击性行为产生了效果，特别是在一种以恐惧为主导的文化中。那么你就会认为："好吧，看起来这样做很有效果，那么我就继续这样做吧。"然后事情就陷入了恶性循环。如果攻击性行为使你一无所得，你就不会再继续这样做。值得注意的是，经常做出攻击性行为的人并没有意识到这一点。

坚定自信与你的情绪调节能力、你的态度、你对他人的看法有关，而不是与你说的话有关。

如果你大脑中常常分泌与愤怒有关的化学物质，那么你很可能自尊心不强，于是为了让自己感觉良好，你认为自己必须超越他人。在这种情况下，你会把类似于“你认为这有所帮助吗？”的问题看作是批评和讽刺，并回以攻击性行为。如果你有良好的情绪调控能力，并把他人看作是与自己平等的人，你就能够用与攻击性行为全然不同的力量、语调和行为来表达自己的感受。

对于许多人来说，问题在于当他们对某件事情感到不满意的时候，他们没有及早说出来，所以这件事会变得越来越严重，之后又让他们产生了一系列的挫败感。有些人疏于合理地解决冲突，或者说，从来没有真正合理地解决过冲突。我们甚至可以说，绝大多数家庭都没能够很好地解决矛盾，没有把它作为表达观点和感受、努力解决问题的一种方式。对于大多数家庭来说，在产生矛盾时，他们要么选择“不要在孩子们面前打架”，但这种方式无益于孩子们建立自信，要么每个人都在大喊、尖叫，充斥着愤怒，毫无尊重。当在这种家庭成长的孩子多年后走入职场，他们会在会议上展现出同样的行为！

所以，如果这对于你来说是一个可发展领域（如果你不确定的话，问问你的朋友——他们会告诉你），你需要增强情绪调节能力，通过练习建立自信。我们并不建议你一开始就直接去找你的同伴，给他们列一个清单，告诉他们所有在你们的关系中你认为无用但直到今天你也没有勇气说出来的事情。请不要这样做——结果不会如你所愿！

首先你必须进行练习。从小事开始着手，比如在餐馆进行投诉或者是把商品退回商店。最好的练习方式之一是处理那些未料到的陌生电访。你所面临的挑战——如果你选择接受它的话——是既能够让对方挂掉电话，同时又保护了每个人的尊严，也没有生气。这是一个挑战，但也是很好的练习方式。关键是要在低风险的环境中进行练习，并随着你的大脑和情绪习惯这件事而逐步变得坚定自信。

你可以通过进行下述的练习来帮助自己建立自信：

1. 思考你想要传达什么信息。这种信息可能是你的晚餐凉了，这件衣服上面有一个洞，或者你不明白你为什么被分配了某个项目。

2. 你想要的结果是什么？一顿新的晚餐，商店退钱，还是获得理解？

3. 把注意力集中在保持冷静和尊重对方上面。

4. 当你说话的时候，概述发生了什么和你希望发生什么，把这一点真实而自然地表述给自己。

下面是你可以用于上述练习中的一些表述的示例：

"我的晚餐凉了，可以重新给我一份吗？"

这比你对着你的晚餐厌恶地咆哮五分钟更清晰地表达了你的想法，也更有帮助。

"这件衣服上面有个洞，我希望获得退款。"

这样你再一次清楚地表述了你希望别人做什么——这比你讲一个穿这件衣服去参加聚会的冗长的故事，这件衣服让你非常尴尬，衣服的质量令人恶心，等等，要好得多。

> “我对你为什么把这个项目交给我而感到困惑，请你把你的想法告诉我好吗？”

这会帮助你收集信息并与对方进行讨论，比不断地谈论你有多忙，告诉对方反正这也不是你的分内之事，或者告诉对方“某人”手上没有太多的事，所以他们可以做这件事，更有帮助。

现在你明白了吗？坚定自信是要表述清楚，而不是发泄愤怒。愤怒是因为我们没有良好的情绪调控能力，并且纵容情绪失控。如果你是坚定自信的而不是咄咄逼人的，别人就会对你做出成年人应该做出的反应，而不会因为恐惧而后退，或者像小孩子一样乱发脾气。

特别重要的一点是，你需要向对方说出自己希望发生的事情，这样对方才能明确地知道该如何回应。但我们总是不想说出自己的心声，不是吗？如果对方拒绝了我们呢？如果被拒绝，我们会感到受伤或愤怒，这是因为我们身上存在那些多余而无用的化学物质。一开始说出自己的心声可能是很困难的，直到你进行了足够多的练习，说出自己的心声是承担属于你的一半责任的一个重要部分，不要指望别人读懂你的心——你必须清楚这一点。

▷ 帮助而不是拯救

我相信你们每个人都认识至少一到两个拯救者！他们虽

然不是穿着超人一样的红色披肩和外穿内裤从天而降到办公室，但他们就像超人一样。他们总是想帮忙——事实上他们想代替你做任何事情。他们甚至会代替你写电子邮件，因为你显然太蠢了而无法自己思考！可能说得有点夸张了。就像做出攻击性行为的人一样，拯救者也认为自己需要比对方“多承担一些责任”，所以他们必须拯救他人。当然了，他们不会这么说，他们想表现出自己的亲切友好。他们只是“乐于助人”（即他们能力高人一等），“总是想帮助团队”（换言之，应该感谢他们挽救了大局）。这些话我们听得多了。

问题是如果你做的比你应该承担的一半责任要多，你就是在拯救而不是帮助。

你没有尊重别人的权力，反而是在剥夺他们的权力。如果你有下述的表现，那么你就是在拯救而不是帮助：

- 你总是自觉地去为别人做些什么，而从来不问他们是否真的需要。
- 你帮助别人做了某件事，于是你一直在盼望着，希望着，甚至期待着收到感谢或感激。
- 当你“帮助”他人时，你会感觉到自己拥有权力、权威和目标感。
- 你对自己或其他人说：“没有我他们办不成这件事。”“没有我你该怎么办呢？”“因为我在这儿这事才能成。”

当你读到这里，你需要意识到拯救行为大多是无意识的，这一点很重要，我们并不会去想“我今天要拯救谁？”，至少大多数人都不会这样想。如果你喜欢拯救别人，这是因为你在孩童时代养成了这种习惯，当你因为作为一个“好孩子”、“和别人分享你的玩具”或“帮助妈妈”而得到奖励的时候，这种奖励和认可模式会让拯救变成你成年后的习惯。拯救的问题在于你并不是真的在帮助他人，而是在剥夺他们自救的机会，同时你也可能忽略了自己的需要。

当你在飞机上观看飞行安全演示时，你会发现演示中总是在说“在帮助别人之前请先戴上你自己的氧气面罩”，这是有原因的。如果你死了，你就无法帮助任何人，所有的拯救者都需要在他们的生活中应用这个原则。

◆ 案例

我们的一位培训客户正在谈论自己七人团队中的五个人现在因为这样或那样的原因请了病假。客户没有解释为什么会发生这样的事，而是在表达他是如何担心另外两个人的，并且他正在尽可能地减少他们的工作量来减轻他们的压力。当我们询问他如果他自己生病了会发生什么时，他完全震惊了。

卡伦最近看了一个有关食物贫困的电视节目，节目中，一位母亲无力同时让自己和她的孩子吃饱，所以她每天靠喝茶生存下去，靠这样节省下钱来确保孩子能够吃上有营养的饭菜。如果你是一个拯救者，你可能会认为这是一位了不起的母亲。请你再仔细想想吧。正如帮助这位母亲的厨师指出的那样，如果母亲不照顾自己，生病了，那么孩子会怎么样呢？这位母亲听了这样的话，表现得很震惊，她以前从未这样想过，而这正是她改变自己的态度所需要的动机，厨师教她如何用较少的预算让她和孩子都能吃上有营养的饭菜，思想和行为上简单而有力的转变就能够帮助到母亲和孩子两人。

如果你想从拯救别人转变为帮助别人，下面是可以帮助你达成这种转变的事情：

- 运用情绪调控能力来减轻自己的罪恶感或羞耻感。
- 当你感觉到自己正要介入并掌控某件事情时，停下来，然后询问对方是否希望你去帮助他们。如果他们回答说“是”，询问他们具体希望你做什么。这既尊重了对方的权力，同时也向他们提供了你的帮助。如果他们回答说“不”，那就让他们自己去解决吧！
- 一遍又一遍地练习询问别人是否需要你的帮助。当你看到一个看起来像是在拼命挣扎的人时，你会很想去拯救他，但有时候人们其实并不是在拼命挣扎。即使他们的确是在拼命挣扎，他们在需要帮助时寻求帮助正是他们自我发展的一部分，而你的拯救会让他们丧失这种发展的机会（受害者的行为表现请见后文）。
- 从现在开始更多地照顾你自己的需求。这并不是说你要把整个周末的时间都花在踢足球上面，而完全不和孩子们在一起，也不是说你要把整个星期的时间都花在泡温泉上面。这是说你可以利用一个很小的、很容易掌握的方法照顾到自己的需求，比如说，抽出一小部分时间来阅读一本杂志，或者花较长的时间洗一个澡，或者一个人去公园，给自己一个高质量的思考空间。在家里，和你的伴侣就彼此的需求进行沟通，这样你们都有机会照顾到对方的需求。这会给你们俩之间的关系带来奇迹般的改变，比你们想象的要简单得多，而且一旦你们这样做了，对于你们的孩子来说，还会成为一个很好的范例，这能够帮助你的孩子们学会照顾他们自己的需要。是的，我们又谈到了以身作则。

▷ 展现脆弱但不做受害者

脆弱是力量的一种表现。如果你不相信这一点，那么你需要认真阅读这一部分的内容。

当领导者能够展现自己脆弱的一面时，他们就能够与失败做朋友，并且能够调节那些在情绪上产生恐惧和悲伤的化学物质。强装出一副勇敢的面孔只是对你的恐惧或悲伤的掩饰。我们不是说作为领导者，你需要因为种种小事与团队成员一同哭泣，也不是说你应该因为害怕收到有关销售数据的邮件而哭泣。我们这里所说的能够展现自己脆弱的一面是指做一个真实的人。

人们常常会把展现脆弱和受害者行为表现混为一谈。这并不奇怪，因为展现脆弱并不是一件寻常的事情，你可能会被告知或通过效仿他人而产生一种观念，那就是，展现自己的脆弱并不是一件好事，这是弱者的标志。约翰来自苏格兰西部，那里民风彪悍，展现脆弱是一件很危险的事情，更不用说暴露出自己的弱点了！因此，在苏格兰西部，人们最喜欢说的一句话是“别那么自以为是！”这句话真的很有用。苏格兰西部是西方世界中酒精依赖程度最高和心脏病问题最严重的地区之一。

与展现脆弱不同，受害者行为表现源于一种认为自己比别人“差”的想法。一段关系中的受害者往往没有承担他们所应该承担的一半责任。如果你在某段关系中扮演了“善良的受害者”的角色，你会认为自己是无用的，并且希望他人来替代自己。受害者常常感到对方捉弄或者伤害了自己，并且大部分时间都在抱怨周围的人、身边的伴侣和生活。他们并不关心自己能够做些什么来帮助自己，而只是希望别人帮助或者同情他们。

某段关系中的受害者行为和某种行为（比如霸凌行为）造成的受害者之间确实是有区别的，我们需要清楚这一区别。我们有时候会看到领导者在面对霸凌行为的情况下推卸责任，他们只是告诉那些被霸凌者站起来，振作起来。虽然这样做确实可以帮助受霸凌者更有勇气，建立自信；然而，作为领导者，你仍然需要处理霸凌者。某段关系中的受害者行为则与此不同，受害者行为是一种行为模式，受害者往往认为自己比大多数的人都要“差”，因而常常被自怜的情绪和对世界的绝望所吞噬。他们绝不会是办公室里的阳光！

▷ 展现脆弱

受害者行为表现和展现脆弱之间的关键区别在于你期望别人做什么。当你是在展现脆弱的时候，你不会期望其他人做任何事情，你只是在表达自己的感受，而不是期望任何人来拯救你或是攻击你。当你展现自己脆弱的一面的时候，你可以说

“我不高兴”，但并不会希望大家聚集在你的周围，手捧着用来安慰你的蛋糕，对你“大吐苦水”的行为报以同情（即与你一同沉浸在忧伤之中）。有时候，在你展现自己脆弱的一面的时候，你必须告诉人们，特别是那些拯救者，你只是想表达自己的感受，并不希望他们做任何事情。当你展现自己脆弱的一面的时候，你可以说“这就是我的感受”，而不期望任何人做出同情你或者是批判你的行动，这能够帮助你坚持情绪调控。展现自己脆弱的一面是需要勇气的，因为一个情绪调控能力不强或者是易怒的人（有攻击性的人）会把你的展现脆弱看作是一个让你屈服的机会。因此，当你展现自己脆弱的一面的时候，你也同时向他人敞开了自己，所以你需要有能力让那些具有攻击性行为的人为自己的行为负责。这种能力包括与那些具有攻击性行为的人单独谈话，向他们阐释你认为他们的评论是不恰当的，或者，如果他们对团队中的每个成员都做出攻击性行为，你可以选择公开表示反对。如果你这样做了，你就在展现自己脆弱的一面，同时也展现你的能力，向那些具有攻击性行为的人表明了这种行为是不可接受的，并为他们提供一个领导者的榜样。在应对攻击性行为时，最重要的是保持冷静，不要沉迷于用任何方式解释或为自己辩解，这只会让你陷入对方的把戏中。

如果你认为自己身上有一些受害者行为表现，让我们来直面它们吧，我们都会不时地做出这些行为。下面是一些帮助你把自己身上的受害者行为表现转变为展现脆弱的方法：

- 努力增强情绪调控能力来控制自己身上与悲伤和恐惧情绪有关的化学物质。

- 当你忍不住要抱怨某事时，问问自己："我进行抱怨的目的是什么？"如果你想通过与他人进行谈话来寻找前进的方向，那这种谈话就不是受害者的行为表现。但如果你只是想通过对事情发牢骚来让自己感觉好一些，那就把这种牢骚留到去酒吧的时候再发吧。
- 开始思考自助的方法。例如，下一次你想要可怜巴巴地望着你的伴侣，嘀咕说"我渴了"的时候，阻止自己，直接说："请给我倒杯水好吗？"或者自己起床去倒水吧。
- 开始有意识地训练自己以更有效的方式进行思考。当你的脑海中出现一个消极的想法时，询问自己："现在有什么是我可以做的呢？"然后你会开始考虑你能做什么，以及什么是你所不能控制的。

▷ 任何角色都需要朋友

我们在上文探讨了攻击者、拯救者和受害者，这些不同的角色之间是相互联系、彼此需要的，尽管这种需要可能并不是有意义的。受害者需要来自攻击者的责备，也需要拯救者帮助他们摆脱坏人。拯救者需要受害者被他们拯救，也需要与攻击者对抗来显示他们拯救一切的能力。攻击者需要受害者供他们责备，也需要拯救者供他们嘲笑。

这些角色存在于每一部超级英雄电影、电视连续剧、政治以及各行各业中。他们身上存在的问题是非常普遍的，因此你可能会认为世界就是这样的，人们的行为就是如此，你所能做的只是从中选择一个你倾向于扮演的角色。虽然这些行为很常见,但扮演这类角色对你成为现实世界中的真正领导者是毫无帮助的。我们希望你避免玩角色扮演游戏,而是走入自己真实的生活,承担起自己应负的责任,同时也让他人承担起他们应负的责任。

当你阅读上述这三种角色的行为表现时,你也许会注意到,有时你的身上可能会表现出两个甚至全部的角色的行为表现。这固然体现了你作为人类的真实的一面,我们间或都会有类似的表现,这是非常正常的,但是这对于你作为领导者是毫无益处的。作为领导者,你需要摆脱这类角色扮演游戏。

那么,如何帮助自己摆脱这类角色扮演游戏呢?首先,你需要了解自己经常扮演的角色。思考当你陷入每一个角色时的具体情况,特别是周遭的环境和与此有关的人。在你思考具体情况时,注意自己的感受,是什么让你沉迷于这一角色,你的目的是什么,以及你是如何摆脱这种角色的?从这些正在发生的事情中,你可以具体了解你在这些行为表现领域的发展状况,从而明确自己需要在哪些方面进行练习。

当你变得坚定自信,热心帮助他人,展示自己脆弱的一面,你也在邀请身边的人像你这样做。但是,他们也可能并不会这样做,而是加剧他们自己的不良行为,试图让你恢复自己原来的行为。

我们曾与一位优秀的女士共事,她是受害者团队的“拯救者领导”,当她的团队成员遇到糟糕的客户时,她会挺身而出拯救他们。当她了解到不同角色的行为表现之后,意识到帮助团队成员不做受害者会对他们更有帮助,她决定改变自己的拯救行为,转而致力展示自信并帮助他们。她尝试赋予他们权力,帮助他们解决与客户的沟通问题。令她震惊的是，她发现刚开始这样做的时候，他们变得越来越缺乏自信了。刚开始转变的时候是很艰难的，他们都说她是个糟糕的领导。他们希望那个美好的拯救者能够回来。

有时候人们并不知道你是在试图帮助他们；他们从你曾经的行为方式中得到了一些好处，所以为什么要改变呢？最初，人们可能会很困惑，并且这种困惑可能会持续一段时间，但最终通过这样的方式，你会得到一个有能力、有上进心的团队。这的确需要付出一些努力和毅力，但是优秀领导者不缺乏这些品质，最终，这会比继续延续旧的行为方式消耗的精力少得多。

▷ 结论

与他人建立真正的关系需要培养意识、付出时间和坚持练习。优秀的领导者明白他们成功的关键在于与他人建立和维持这种真正的关系，因而他们选择在这上面付出时间和努力。

如果你和他人建立了关系，那么你就是这种关系的一部分，对于对方来说也是如此。作为领导者，你应该在这段关系中承担你的一半责任，并且允许对方承担他的一半责任。

第四部分
在现实世界中成为真正的领导者

L E A D E R

4

第十章

走进现实世界

我认为绝对的纪律和绝对的自由之间有某种联系。

——艾伦·里克曼

很多人会告诉我们他们了解某件事情。但这通常意味着他们不会去做这件事情。

意识到或了解某件事情仅仅是一个开始。要想成为一位优秀的领导者，你需要做的不仅仅是了解如何成为一个优秀的领导者；而且还要根据你所获得的知识采取一致的、连贯的、实际的行动。用最近的流行语来说，“说正确的事情”和“说漂亮话，做表面文章”是完全不同的。虽然很多人看透了这一点。但令我们惊讶的是并不是所有的人都这样做了，我们也想知道为什么这些人仍然存在这样的问题。

约翰的一位客户最近抱怨说，人力成本是企业成本中最重要的部分，因此，他无法理解董事会竟然“在公共场合说所有看似正确的事情但却采取行动去伤害他们的员工，而不是充分利用员工的技能和精力”。这也令我们感到震惊。

读完这本书，我们希望你能够去思考自己想通过做什么、学习什么或者改变什么来培养自己的领导才能。如果行为上没有任何改变，学习就是毫无用处的。因此，除非你改变你的行为，否则你什么也学不到。

我们写这本书的目的并不是要让读者陷入心理学理论或讨巧的新模式之中。我们想向读者展示一些有趣的、有意义的、有实际应用价值的内容。我们希望最终这本书能够向你建议一些你可以实际去做的积极的事情。

当你阅读这本书中所写的我们的领导力研究中的评论，你会发现大多数人，包括你自己，都会受到诚实、正直、开发人力和获得成功的鼓舞。领导力研究还表明，人们不喜欢恃强凌弱、傲慢和虚伪。我们的研究参与者在研究中提到这一点是因为，恃强凌弱、傲慢和虚伪时至今日依然存在于这个世界中。

人们需要能够改善世界的方法，因而我们希望你能够成为一位真正的领导者，从而帮助这个世界做出有益的改变。这个世界上真正的领导者越多，就会有越多的人能够得到鼓励和支持而变得更好，生活得更充实，承受的压力更小。我们发现太多的领导者和潜在领导者在遵循同样一种旧的领导模式：严厉模式，这是一种属于过去的“弱肉强食”的思维方式，并不适用于当前的情况，但这种模式依然非常活跃。我们希望你从现在开始做出必要的改变。这听起来像是老生常谈，但这是必须的。变革并不是由大型组织或是政府做出的，而是由个人通过改变他们周围的世界而使之变得更加美好的。想想当你遇到糟糕的领导时自己的感受——所以不要让自己成为糟糕的领导中的一员。你不需要像他们那样表现就可以取得成功。

使自己成长为现实世界中真正的领导者包括训练自己不断练习、提高、完善。我们所说的训练是指运用你自己的方法进行训练，所以如果你没有做完这本书中所有的练习，或者是你忘记了这本书中的一些概念，甚至你没有阅读这本书中所有的章节，你都无须苛责自己。在这本书中，我们强调每一个人都是与众不同的，你需要形成自己独特的领导风格，因此每一个人都会从这本书中汲取到不同的知识。

作为一个领导者，你必须成为自我发展的向导；没有人能强迫任何人学习任何东西，包括你自己。要学习一些东西，首先你必须拥有学习的动力，你要能够从学习中看到回报，并相信这种回报是能够通过学习得到的。获得回报肯定需要花费一段时间，你需要树立自己能够做到这一点的信心，然后就去这样做吧。

▷ 行为准则

行为准则的定义：

发展或改进一项技能的活动、运动或生活规则。

行为准则是指一种新习惯的养成，这种习惯是你自主选择而不是被要求去培养的。遵循一种行为准则并不容易，因为要养成新的习惯需要重复。比如运动和健康饮食的习惯，你不会因为去了一次健身房或吃了一天生菜就变健美或减少体重了。你需要一个计划、一个方案、一种方法来帮助你创建一种新的行为准则，这将帮助你实现自己的目标。

如果你阅读了这本书，那么我们可以认为你有一个目标，那就是想要成为最优秀的领导者，想要超越那些掌握了最新的领导理论的人，想要与身边的人真诚相处，建立良好的人际关系。你可能还有一个目标，那就是拥有丰富充实的生活，这种生活中当然也包括了你的工作。我们之所以做出这样的假设是因为如果你只是想在下一个周末、圣诞节假期，或者是下一次去马略卡岛度假之前虚度每一天，你根本就不会拿起这本书阅读。对你来说，生活远不止于此。所以你有行为准则要去实行吗？你需要做哪些改变呢？

如果你头脑中的答案是没有，或者就现在来看是没有的，那也没关系。通常我们在第一次阅读一本书的时候是为了了解这本书的内容，之后再读才是为了把书中的知识运用于实际，这种再次阅读有时可能是在多年之后。卡伦回忆说："当初我阅读柯维的《高效能人士的7个习惯》这本书时，仅仅是觉得它很有趣，但那个时候并不知道该如何利用书中的内容，于是便把这本书又放回了书架，当时我既没有经验，也没有动力把书中的原则付诸实践。但当我们开始创建猴子拼图培训与咨询公司的时候，它成了第一本出现在我脑海中的书。我的大脑把这本书存放在某个地方，而它恰好在适当的时候引起了我的注意。"

一旦等到正确的时机，而你也恰恰准备好了，那么就开始决定你要从哪里迈出自我发展的第一步吧。关于这一点，每个人都有自己不同的方式，并没有一条固定的绝对正确的道路。我们没有按照你做事时需要的顺序来编排这本书，我们编排这本书依据的顺序使得这本书的每一章的概念和思路都建立在前几章的基础之上。所以,你可以从你需要的章节开始阅读,并选择最适合自己的学习方式。

如果在你阅读这本书的时候,某一个章节的主题吸引了你的注意力,那你完全可以从这里开始学习。

你可以首先专注于改善自己的情绪调控能力,这会为你培养成功必备的其他特质奠定坚实的基础。

或许你会有亟待解决的问题?如果有的话,利用这本书来帮助你解决这些问题。

当你阅读到某些特质的时候,你是否意识到你没有这些特质或者说表现得不太好?那么从这里开始阅读和学习就很有意义了。

如果你只是想在一个安全的环境中循序渐进地实践书中的一些观点,那么就去做一些尝试吧,然后在你更进一步尝试之前利用你得到的反馈。

关键是要开始去做!

越早开始行动,就能越快地得到能给你信心和动力的结果。

建立自我发展的准则,养成全新的于自身有益的习惯,这将会成为你获得自由的关键。

▷ 自由

自由的定义:

行动、说话或思考的权力或权利不受阻碍或约束。

等等！再等一分钟！行为准则如何通向自由？行为准则意味着进行约束、限制、自控，但自由却与开放和拥有众多选择有关。是的，的确是这样的。然而现在你可以从两者的定义中发现它们并不是相互排斥的。

有些人把行为准则视为限制性的约束，特别是你的生活经验可能会让你产生行为准则与自由相去甚远的感觉。但是，如果你决定不去做某件事情，不下定决心为之努力的话，你又如何会获得自由呢？如果你保持现状，不进行任何改变，那么这个世界上所有的选择和发散的思维都不会对你产生任何影响。这听起来比决定做出改变更具限制性。

自由需要相信自己，相信别人，并且需要意识到我们都有选择和行使这些选择的权利。有些领导者试图在可以说什么、应该说什么、何为对错上控制下属。这不是领导，而是控制。

优秀的领导者深知这一点，于是他们雇佣专业技能熟练、灵感创意丰富的下属，并构建支持他们工作的机构和环境。我们不是指无秩序的工作状态——千万不要这样理解——我们指的是给他人，也给自己创造一种自由的环境，这种环境有益于自己和他人想出新点子，发现新的、更好的、更有效的方法来达成目标。

领导者展望未来时通常会询问自己下述的问题：在审视自己的团队、家庭或组织时，你的心里是怎么想的？你在自己的周围看到了什么？你的感觉如何？你的迫切愿望是要控制以确保事情不会出错吗？你总是在对别人说"是的，这是个好主意，但是我们需要小心……"吗？如果你也是这样的，当你放松一点儿控制时,会发生什么呢?如果你把构建和表述总体的目标和愿景作为自己的工作,以开放的心态允许他人利用他们的时间、精力和技能来产生想法和行动,从而帮助你达成自己的目标和愿景,又可以实现什么呢?

我们深知,自由有时是可怕的。但它也赋予你力量、帮助你释放自我,并且可以鼓舞人心。如果你现在感觉受到限制,问问自己原因。思考到底发生了什么,而你又能做些什么来解放自我?

▷ 模仿

寻找一位能够激励自己的领导者榜样,这是一个帮助和支持你提升领导力的重要途径。你需要去模仿这些模范领导者,但不是去完全地复制他们。模仿与复制的关键不同在于当你进行模仿的时候,你仍然能够做你自己,而不是成为别人的克隆人。

首先请想一想谁是能够激励你的人,谁能够成为你的榜样,谁是你愿意追随的人。

把你所想到的这些模范领导者列成一个名单。这其中包括那些你认识的可以与之交谈的人,包括那些你可以与之见面和观察到的人,甚至包括那些你从书本上读到的人。一旦你列出了这样一个名单,你可以每次从名单中选取一个人,开始观察他们所做的哪些事情是你欣赏和尊重的。我们希望你去模仿他们所做的事情,而不是去模仿他们做这些事情的方式。他们做事的方式是他们的风格,而不是你的风格。你更应该关注他们在做的事情。例如，他们是否花费更多的时间用于倾听而不是交谈？他们在会议开始时做些什么？他们关注的重点又是什么？

一旦你对这些模范领导者所做的事情有了些认识，就可以开始进行模仿练习了。你需要以你自己的做事风格去做一些类似的事情，然后接受反馈。注意不要模仿他们所做的每一件事，如果你这样做了，你的行为就变成了复制。你可以通过这样的方式来帮助自己确认模仿哪些事情是对你有益的，哪些事情稍微调整一下之后会对你有益，以及哪些事情对你无益。

当你在模仿这些模范领导者时，请注意：

- 如果模范领导者所做的某件事情突出了其本质特征，并且这种特征会立刻对你产生帮助，那么就从模仿这件事情开始吧。
- 你欣赏的所有模范领导者身上存在共性吗？如果存在的话，或许你应该从模仿这一共性开始。
- 在你的模范领导者名单中，有没有一个你认识的领导者能够激励你，并且你可以通过与之交谈来获得一些新的想法？

读到这里，你意识到自己身上拥有哪些鼓舞人心的领导特质吗？你可以在哪些你以前从未想过的地方发挥这些特质的作用——在工作中、在家庭里、在社区里？或者，现在你意识到了自己所具备的技能和特质，你会更经常和更有意识地发挥这些技能和特质吗？

▷ 情绪调控

你已经通过阅读第二章了解到，成为一位真正领导者的关键在于拥有良好的情绪调控能力。良好的情绪调控能力是成为一位积极健康的、言行一致的，并且拥有鼓舞人心的能力的领导者的基础。

当你成为一位能够控制好自己的情绪的领导者，你将能够更好地选择如何利用自己的时间，与他人进行良好的互动和交流，而不仅仅是对他人做出回应。

良好的情绪调控能力既能够帮助你接受反馈，同时能够帮助你准确地理解你所收到的反馈，随后依据这些反馈采取适当的行动。良好的情绪调控能力也让承担一定的风险变得更加容易、压力更小，因为你不会一遇到风险就做出基于恐惧的反应，继而，帮助你展望未来，让你专注于所有可以实现的目标。

当你利用良好的情绪调控能力奠定了上述这些坚实的基础，周围的人会感受到你明确清晰的思路，你在他人心中的可信度会非常高，他们因此有理由相信你有能力带领他们走向成功。

然后，你和你的团队成员就可以开始以对彼此都负责的方式，为当下和未来需要完成的事情而共同努力奋斗。

本书中介绍了许多实际应用上述概念的方法，这些方法能够帮助你在需要提升的方面有所发展，从而帮助你实现真正的自由，成为现实世界中真正的领导者。我们建议你在阅读完这本书之后，把它作为参考工具，当书中的某个章节与你现在身边正在发生的事情有关时，你可以把这一章节翻出来再次阅读。

当某件事情没有按照你的计划进行时，你需要认真地思考一下原因。反思自己在做这件事情的时候是表现得很冷静，做出的反应很恰当，还是表现出了“战斗反应、逃跑反应、木僵反应”的化学物质呢？你需要重新回忆一下，究竟是哪一个以前存在的老问题给你带来了困扰或压力？或者是因为，你没有做到能够帮助你达成所愿的成功者必备的五大行为特征中的哪一个？

▷ 在现实世界中进行实践

无论你怎样开始，无论你准备从哪儿开始培养这些特质，你需要的是马上开始行动。

请先问问你自己：

你打算从哪里开始行动？
你希望在你的生活中进行哪些训练？
你打算多久检查一次自己的进展？
你如何确定自己已经做到了？

你的过去并不代表你的将来。我们致力于帮助真正的领导者在这个世界上成长，鼓励你走出阴影，做真正的自己，成为优秀的领导者。

我们与你心心相连，我们祝你一切顺利。

卡伦和约翰

关于作者

约翰·麦克拉克伦(John McLachlan)和卡伦·米格(Karen Meager)

在2007年成立猴子拼图培训与咨询公司(Monkey Puzzle Training & Consultancy)之前,约翰和卡伦都在各自的领域事业有成。卡伦在伦敦的基金管理行业工作,约翰是一名注册会计师,也曾在多家公司担任董事会的财务总监。

当卡伦攻读工商管理硕士学位的时候,她开始对研究那些擅长自己工作的人的心理构成感兴趣，并开始利用她所获得的知识在她所在的公司中从事招募和培训员工的工作，这些员工包括从客服代表到销售人员，再到领导者的全部角色。约翰一直就觉得自己对人的兴趣超越了对会计本身的兴趣。他有着令人感到温暖的幽默感和深刻的理解力，并利用它们来帮助企业和企业家获得成功，帮助他们过上更充实的生活。然后，他们一拍即合。

卡伦和约翰不是专业的学者。他们所做的是提炼出最新的具有科学性和学术性的思想，并将这些思想运用于实际。他们把这些具有科学性和学术性的想法与自己的经验、对商业的理解以及心理培训结合起来，使之实用、易懂，从而将其转化为每一个人都可以去操作的实践指南。他们的目标是帮助人们为自己的生活创造更多可能性，使他们生活更轻松，也使他们无论选择做什么都能走向成功。

推荐读物

以下是我们推荐阅读的书目。我们读过这些书,喜欢它们,并将其中的理论运用于实践。它们从多个方面启发了我们。

What Every Parent Needs to Know by Margot Sunderland (ISBN-13: 978-1405320368)

TA Today, A New Introduction to Transactional Analysis by Van Joines and Ian Stewart (ISBN-13: 978-1870244022)(中译本:艾恩·斯图尔特,范恩·琼斯.今日TA:人际沟通分析新论.田宝,张思雪,田盈雪,译.北京:世界图书出版公司,2017.)

Rewiring your Brain for Love by Marsha Lucas (ASIN: B00DO90W0C)

Thinking, Fast and Slow by Daniel Kahneman (ISBN-13: 978-0141033570)(中译本:丹尼尔·卡尼曼.思考,快与慢.胡晓姣,李爱民,何梦莹,译.北京:中信出版社,2012.)

Healing the Shame that Binds You by John Bradshaw (ISBN-13: 978-0932194862)

The Master and his Emissary by Ian McGilchrist (ISBN-13:

978-0300188370)

Womancode by Alisa Vitti (ISBN-13: 978-1781802007)

Unflappable by Ragini Elizabeth Michaels (ISBN-13:978-1573244893)